PATOLOGÍAS DE LOS EMPRESARIOS FAMILIARES

Prof. M. A. Gallo
IESE
Enero 2019

Publisher's Cataloging-In-Publication Data
(Prepared by The Donohue Group, Inc.)

Names:	Gallo, Miguel Ángel, 1933- author.	Casado, Luis M., writer of supplementary textual content.
Title:	Patologías de los empresarios familiares / Prof. M.A. Gallo, IESE ; [Luis Miguel Casado, prologue].
Description:	[Barcelona, Spain] : [Miguel Ángel Gallo], 2019.	"Enero 2019."	Includes bibliographical references.
Identifiers:	ISBN 9781093218657
Subjects:	LCSH: Family-owned business enterprises--Succession.	Family-owned business enterprises--Psychological aspects.	Organizational behavior.
Classification:	LCC HD62.25 .G35 2019	DDC 658/.045--dc23

Registrado en la United States Copyright Office con el número 1-7398659471.

Todos los derechos reservados según la ley de copyright de los Estados Unidos de América y las leyes relacionadas contenidas en el capítulo 17 del código legal de los Estados Unidos. Ninguna parte de esta publicación puede ser reproducida, distribuida o transmitida de ninguna forma o por cualquier medio, incluyendo la fotocopia, la grabación u otros medios electrónicos o mecánicos, sin autorización escrita previa de Miguel Ángel Gallo, excepto en el caso de breves reseñas incorporadas en revisiones y otros usos no comerciales permitidas por la ley de Copyright. Para solicitud de autorizaciones escribir a Miguel Ángel Gallo en mgallo@iese.edu

Impreso por Kindle Direct Publishing, una plataforma independiente de publicación de Amazon.com en North Charleston, Carolina del Sur.

Fotografía de portada proporcionada por KDP

Índice

INTRODUCCIÓN	1
ANEXO: Supervivencia y viabilidad	9
EMPRESAS FAMILIARES: SUS COMPORTAMIENTOS	19
COMPLEJIDAD Y UNIDAD	57
CONTINUIDAD DE LA EMPRESA FAMILIAR	87
CONVIVENCIA GENERACIONAL	115
EPILOGO	135
BIBLIOGRAFIA	143

Prólogo

Cincuenta años investigando, enseñando, publicando y asesorando sobre empresas familiares se destilan en "Patologías de los empresarios familiares".

Miguel Ángel es un joven experto de 86 años. Es el espíritu de la curiosidad y el aprendizaje continuo. Tras la ingeniería, el doctorado, los cursos en teología y una formación sobre las esencias del ser humano, hoy es el alumno de mayor edad matriculado de todas las universidades de Cataluña. Este hecho vislumbra unas características personales que cuanto menos deben hacer pensar al lector "Caray, este señor sabe cosas interesantes".

Miguel Ángel aún transciende. Nos transciende a unos afortunados exalumnos. Comparte nuestros desvelos y nos insufla constantemente buenas energías y mejores consejos.

Permanentemente transmite sus conocimientos y enseñanzas en diferentes entornos rodeado de jóvenes con 50 primaveras.

En su experiencia como consejero independiente y redactor de protocolos familiares, el autor ha visto indicios patológicos de todos los colores y las ha asimilado desde las perspectivas que le han dado la pluralidad de las formaciones que tiene. Sabiendo que uno no entiende una cosa hasta que no es capaz de explicarla desde diferentes ópticas, podemos esperar que la explicación de los síntomas que nos ofrece Miguel Ángel sea nítida.

En su firme creencia de que la dirección de una empresa es mucho más que el manejo de los recursos que una propiedad tiene en la empresa y en su firme creencia de que hay unas reglas a respetar para el funcionamiento de la empresa, Miguel Ángel, redacta estas páginas alertando de algunas de las situaciones que ha vivido en los múltiples consejos de administración y en los consejos de familia a los que ha asistido. Lo hace con el ánimo de poner sobre aviso de escenarios que pueden pasar desapercibidos a ojos inexpertos.

He tenido el privilegio de presenciar alguna de esas ocasiones y no quiero dejar de compartir con el lector una que refleja el ánimo de Miguel Ángel. En un consejo de administración de una empresa familiar, tras una trifulca verbal entre un padre y su inexperto hijo al respecto de una oportuna pregunta del primero, cuando se hizo el silencio, después de las punzantes palabras del segundo, Miguel Ángel tomó la palabra y dirigiéndose al hijo le dijo "Sr. Consejero Fulanito, el presidente de esta empresa le ha hecho una pregunta y usted no le ha contestado. Sería tan amable de responder a la pregunta..."

Migue Ángel no es partidario de los "Si señor" en las empresas. Manifiesta que todos en la empresa deben aportar valor y decir lo que piensan. Sólo dando la visión de las circunstancias a través del cristal de la experiencia individual, proporcionamos el valor esperado. Sabemos que no hay mejor regalo que a uno le digan cómo le ven, pues va en ello la capacidad de reflexionar sobre lo que uno representa para el prójimo y buscar la mejora del ser.

Con esto mimbres y para beneficio de padres e hijos en empresas familiares, Miguel Ángel redacta este libro con la intención de que sirva para discutir y planificar en tiempo y forma una buena transición generacional para la correcta marcha de la empresa.

No pasará de moda este texto, pues los síntomas descritos arrancan de la esencia de la persona. Esta esencia no cambia con el paso de los siglos. El ser se mueve por el miedo y por sus pasiones para no perder el poder.

Sólo el emprendedor que, consciente de su responsabilidad, conoce la amenaza del ser sin cultivar, y adquiere una formación humanista, podrán intentar sobrevivir a las patologías descritas en este libro con un índice de probabilidad algo superior al promedio de la humanidad.

La dificultad la llevamos congénita y nos cabe minimizarla. Sirva el texto cómo preámbulo del camino a recorrer para mejorar las ratios de supervivencia de las empresas familiares.

Barcelona, enero 2019.

Luis Miguel Casado Díaz
Licenciado en informática.
MBA IESE.
Director de empresas familiares.

INTRODUCCIÓN

¿Es sobrevivir[1] a la tercera generación de la familia un objetivo inalcanzable para la práctica totalidad de las empresas familiares?

¿Es pasar con éxito de segunda a tercera generación de la familia una meta casi imposible de lograr para una amplia mayoría de las empresas familiares?

¿Es conseguir la incorporación de una segunda generación bien preparada, profesional y emocionalmente, algo muy difícil de lograr en las empresas familiares?

Son ya muchos los años que las empresas familiares están siendo estudiadas en un número importante de Escuelas de Negocios y Facultades Universitarias afamadas, proponiendo medios sugerentes para conducirlas y esquemas conceptuales prácticos para ayudarlas. Son también, muchos los años transcurridos desde que estas empresas formaron

---

1 Sobrevivir: "Vivir después de un determinado suceso o plazo." (Casares, 1987 p.776).

asociaciones para colaborar entre ellas, cooperando en el conocimiento y aplicación de las mejores prácticas. Sin embargo, no parecen observarse cambios importantes y efectivos en el incremento de sus niveles de viabilidad y de su supervivencia[2].

Los análisis de estos niveles, que si bien son muchos en cuanto a su número, resultan difíciles de comparar unos con otros, así parecen confirmarlo. (En el Anexo a esta Introducción, el lector encontrará un resumen de varios estudios, así como algunas conclusiones que, necesariamente, no pasan de ser hipótesis previas).

¿Es la empresa familiar de negocios una especie distinta dentro de la totalidad de las empresas de negocios? ¿Está, a su vez, formado este grupo de empresas familiares por varios subgrupos que tienen algunas características comunes?

A primera vista, no parece que la empresa familiar sea una empresa tan distinta de las demás empresas de negocios. Comprender esta igualdad es un hecho muy importante, pero sin embargo, es frecuentemente olvidado por quienes gobiernan empresas familiares pues piensan que, por ser su empresa una empresa familiar, pueden seguir caminos que estrictamente considerados no son buenas prácticas de mercado, olvidando con ello que para ser una buena empresa familiar lo primero que se tiene que ser es una buena empresa de negocios[3].

---

[2] Viabilidad; como calidad de viable: "Dícese del asunto que por sus circunstancias tiene posibilidad de buen éxito" (Casares, 1987 p.776).
Supervivencia: "Acción y efecto de sobrevivir." (Casares, 1987, p789).
[3] En este sentido, y solo como un ejemplo, hay empresarios familiares que por ser su empresa familiar consideran que no tienen que preocuparse a fondo para lograr los cuatro componentes de una empresa viva (Arie de Geus, 1997, p9):
- Ser sensible a las evoluciones del entorno, capaz de aprender y adaptarse (Sensivity -- and learn to adapt).
- Unidad e identidad (Cohesion and identity).
- Tolerancia y su corolario, descentralización (Tolerance and its corollary,

Aquello que puede dar origen a diferencias entre el grupo de empresas familiares y otros grupos de empresas de capital y de negocios, no son tanto las metas que pretenden lograr y la necesidad de construir una organización capaz de alcanzarlas, sino realidades del tipo de las siguientes:

- Los propietarios de su capital social y quienes las gobiernan y dirigen coinciden en la misma persona o en un grupo pequeño de personas.

- El poder más pleno, el poder que resulta más decisivo para el futuro de la organización y, por tanto, para el futuro de las personas que la forman (Gallo, 2016, p.13) es ejercido directamente por los propietarios. Siendo, por tanto, menos probable que en ellas se dé la distinción, con sus ventajas y sus inconvenientes, entre "principal" y "agente", como persona que es contratada por el "principal" para delegarle poder de decisión (Jensen and Meckling, 1976).

- En ellas, es habitual la tendencia a que este poder más pleno sea posteriormente ejercido por algún, o unos pocos herederos de la propiedad y miembros de la familia. Tendencia como inclinación habitual de los fundadores, de sus conyugues, de miembros de la siguiente generación de la familia e, incluso, de algunos estamentos de la sociedad de la que forman parte[4].

¿Son estas las principales diferencias, o existen otras que todavía no están bien identificadas y estudiadas? ¿Se conocen

---

decentralization --- it's ability to build constructive relationships with other entities, within and outside itself).
- Finanzas conservadoras (--- conservative financing to govern it's own growth and evolution ---).

4 Las tres "diferencias" recién indicadas coinciden claramente con las características que, habitualmente, se emplean para calificar a una empresa como empresa familiar.

suficientemente bien las consecuencias, de diferencias como las anteriormente citadas? ¿Son estas diferencias las que causan las dificultades de las empresas familiares para alcanzar el mismo nivel de desarrollo que las empresas no familiares con las que se pueden comparar?

A la hora de buscar contestación a las preguntas anteriores es natural plantearse diversas hipótesis iniciales:

- En primer lugar, que las tres características que distinguen a la empresa familiar son el origen de una superior complejidad, en comparación con la empresa no familiar asemejable.

- En segundo lugar, que la empresa familiar tiene, en términos comparativos, una mayor dificultad para alcanzar y mantener la cohesión en su organización; pues la convivencia prolongada de varios miembros de la familia de distintas generaciones en una misma empresa, que busca durar periodos prolongados de tiempo, es ciertamente muy difícil de lograr.

- En tercer lugar, si bien todas las empresas cambian, considerar que la "evolución", es decir, el adelantamiento gradual de su organización mantenido durante un prolongado número de años, no es tan propio de la empresa familiar exitosa como lo es de la no familiar. Siendo más propio de la empresa familiar exitosa su "mutación", es decir, los cambios de escena, la mudanza o cambio de un estado a otro bastante diferente al anterior, dejando prácticamente de ser lo que era.

- En cuarto lugar, que no siempre resulta ser acertada la utilización que se hace en las empresas familiares de herramientas como el "protocolo familiar" y el "consejo de familia", etc. Herramientas buenas en sí mismas, pero que por aplicarse a problemas para los cuales no fueron diseñadas terminan no arreglando nada y siendo abandonadas.

- En quinto lugar, que el conjunto de intenciones y motivaciones de los propietarios que ejercen el poder en las empresas familiares, especialmente en la primera generación, tiene elementos que lo hacen diferente del conjunto de intenciones y motivaciones de los propietarios de las empresas no familiares. En la empresa familiar este conjunto evoluciona de distinta manera, estando más influido por circunstancias imprevistas como fallecimientos y accidentes, por uniones y separaciones matrimoniales, por nuevas uniones, por el número, cualidades e intereses de los descendientes, etc.

A largo de este libro se pretende profundizar en las cuestiones hasta aquí citadas, con la intención de colaborar al incremento de la viabilidad de las empresas familiares, así como de ayudar a aquéllas que no pueden o no desean continuar con el carácter de ser familiar, a encontrar salidas que causen en el menor daño posible a los miembros de la comunidad de personas que es la empresa.

El libro está dividido en cuatro partes:

- En la primera parte, **"Empresas familiares: sus comportamientos"**, se describirán, en primer lugar, diez maneras de comportarse las personas que gobiernan y dirigen la empresa, que hacen ciertamente difícil pensar en la supervivencia de la empresa.

    En segundo lugar, en esta primera parte, se analizarán cinco **mutaciones** de la empresa familiar que permiten pensar en su viabilidad prolongada en el tiempo.

- En la segunda parte, **"Complejidad y unidad"**, después de estudiar las razones por las que el incremento de la **complejidad** es algo connatural con el desarrollo de la empresa familiar, se propondrá un conjunto de medidas para mantener y hacer crecer la **unidad** de los miembros de la familia entre sí y con su empresa. Estas medidas se contrastarán con los comportamientos descritos en la primera parte del libro, para llegar a identificar causas de desunión, es decir, causas de la pérdida de la fortaleza esencial de la empresa familiar.

- En la tercera parte, **"Continuidad de la empresa familiar"**, se presentará el modelo conceptual **diagnóstico de complejidad**, como herramienta de análisis de la situación de la empresa y de la familia que ayuda a diagnosticar si es posible o no la continuidad de la empresa, es decir, el grado en que es viable el proyecto.

    En esta tercera parte se propondrán diferentes salidas de las situaciones de crisis de unidad.

- En la cuarta parte, **"Convivencia generacional"**, se pone de manifiesto que para la viabilidad continuada de la empresa familiar es necesario alcanzar y mantener un buen nivel de **convivencia** entre las personas de la familia.

    En esta última parte se estudia la arquitectura en la que hay que desarrollar la convivencia, los hábitos para convivir y los orígenes de los fallos que dan lugar a la rotura de la armonía y de la cohesión entre los miembros de la familia.

A lo largo del libro, el lector encontrará un buen número de referencias bibliográficas, que le pueden ayudar a comprender mejor lo difícil que resulta la viabilidad de la empresa para la mayoría de las personas y, también, a identificar por qué a otras personas les resulta más sencillo.

Este libro está apoyado en la experiencia de muchos años de trabajo con empresas familiares en los que ha habido tanto éxitos como fracasos, y tiene como intención principal que las personas que forman parte de una empresa familiar, lleguen a conocer con mayor acierto la situación en la que se encuentran ellos, su familia y su empresa y, comprendiendo el futuro al que puede verse abocadas, reaccionen animándose a hacer los esfuerzos que requiera la mejoría de la situación.

En las páginas siguientes, se ha considerado al hombre como el centro de toda reflexión, siguiendo el enfoque de la filosofía personalista (Burgos, 2003, p.8), enfoque que media entre las presiones del totalitarismo y del individualismo (Burgos, 2003, p.50 y p.157).

ANEXO: Supervivencia y viabilidad

Estudios

1. Posiblemente el estudio más temprano en el tiempo, acerca de la supervivencia de las empresas familiares, haya sido el de Ward (1986), que dio lugar a una clara señal de alarma entre académicos y consultores en los años en que se estaba empezando a desarrollar el campo de "empresa familiar".

Tomando este estudio como punto de partida y en relación con la continuidad de la empresa familiar, Gallo (1997, p.17) presentó la siguiente tabla.

CONTINUIDAD DE LA EMPRESA FAMILIAR

- Estados Unidos[5]

  Muestra: 200 empresas que eran familiares en 1924.

---

5 Ward, J.L. (1986). *How many will survive* Family Entrepise, n°9, March 1986.

- 60 años después (1984) continuaban como EF: 13%
- No habían crecido en tamaño (la mayoría habían disminuido): 9%
- Habían crecido en número de empleados: 4%

- Francia[6]

  Muestra: 2460 empresas que eran familiares en 1980.

  - 10 años después (1990) continuaban como EF: 58%
  - Habían desaparecido:17%
  - Ya no eran EF: 25%

- España[7]

  Muestra: 1000 empresas familiares más grandes en 1972.

  - 20 años después (1992) continuaban como EF: 27%
  - Habían desaparecido: 36%
  - Ya no eran EF: 37%

2. De Geus, en su libro The Living Company (de Geus, 1997), afirma que "La esperanza de vida promedio de las empresas que formaban parte del listado Fortune 500, era solo de 40 a 50 años"[8] (p. VII). Así mismo indica que "La tercera parte de las empresas del listado Fortune 500 en 1970, en 1983 habían desaparecido, o habían sido adquiridas o troceadas"[9] (p. 1). Y continúa afirmando que "En algunos países el 40% de las empresas desaparecen antes de los 10 años de su fundación... La esperanza de vida promedio para todas las empresas, con independencia de su tamaño, medida en Japón y en la mayor parte de

---

6 Briere, C. (1991). *Les entreprises familiales in France*. University Paris - Dauphine.
7 Gallo, M.A. (1995). *La continuidad de las empresas familiares* IESE, Barcelona.
8 "The average life expectancy of Fortune 500 was only 40 to 50 years".
9 "⅓ of the companies listed in the 1970 Fortune 500, had vanished by 1983, adquired, merged or broken to pieces".

Europa, es solo de 12,5 años"[10] (p. 2).

3. Gallo y Estapé (2006), apoyándose en los conceptos sobre ecología de empresas desarrollados por Hannan y Freeman (1989), analizaron la viabilidad de las empresas familiares de tamaño medio (20 a 50 millones de euros de facturación) del sector español de alimentación y bebidas, partiendo de la siguiente clasificación de "procesos":

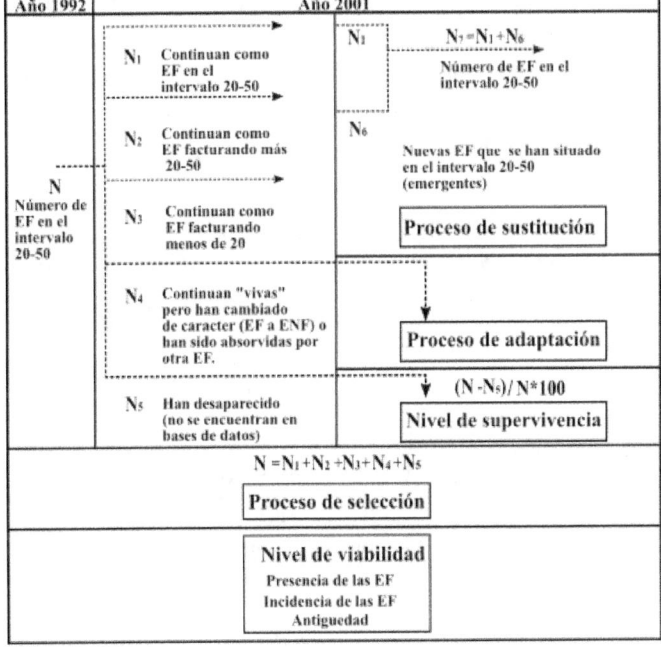

Fig.-1 Ecología de Empresas Familiares

Es conveniente recalcar que en este cuadro el "nivel de supervivencia", $(N-N_5)/N*100$, corresponde a la proporción de empresas que, siendo familiares en 1992,

---
[10] "In some countries, 40 percent of all newly created companies last less than 10 years..... the, measured life expectancy for all firms, regardless of size, measured in Japan and much of Europe, is only 12,5 years".

sobrevivían como empresas, familiares o no familiares, en el año 2001.

Por otra parte, los autores sugieren calibrar el "nivel de viabilidad" tomando como base tres indicadores:

- La presencia de empresas familiares en 1992 y 2001, como porcentaje del total de empresas.
- La incidencia de empresas familiares en 1992 y 2001, como porcentaje de la venta del total de empresas.
- La antigüedad promedio de las empresas familiares en 1992 y 2001 en comparación con la antigüedad promedio de las empresas no familiares.

EMPRESAS DE 20 A 50 MILLONES DE EUROS DE FACTURACIÓN EN EL SECTOR ESPAÑOL DE ALIMENTACIÓN Y BEBIDAS				
	Año 1992		Año 2001	
Tipo de empresa	E.F.	E.N.F.	E.F.	E.N.F
Número de empresas	197	120	271	201
Porcentaje	62,1%	37,9%	57,4%	42,6%
Tamaño medio (mil de EUR)	26,5M	26,8M	29,4M	31,8M
% sobre venta total	61,9%	38,1%	55,5%	44,5%
Edad promedio	20 años	23 años	22 años	20 años

En relación con el "proceso de sustitución", en el intervalo de 20 a 50 millones de euros de facturación, los autores indican:

- De las empresas familiares existentes en 1992, el 70% ya no forman parte del conjunto en el año 2001.
- De las empresas familiares existentes en 2001, el 78% son nuevas, han "emergido" durante el periodo.
- De las empresas no familiares existentes en 1992, el 80% ya no forman parte del conjunto en el año 2001.

- De las empresas no familiares existentes en 2001, el 88% son nuevas, han "emergido" durante el periodo.

En relación con el "proceso de adaptación" en el mismo intervalo:

- Desde 1992 a 2001 se han adaptado (cambiado su carácter de EF a ENF, o han sido absorbidas por otra empresa) 15 empresas familiares (7,6%) y 8 empresas no familiares (6,7%).
- La "adaptación" (continúan vivas como empresas pero han cambiado de carácter) ha sido muy superior en el segmento de mayor venta (40 a 50 millones). La "adaptación" de las empresas no familiares ha tenido lugar en los segmentos de menor venta (20 a 40 millones).
- Las empresas familiares de 1992 que han "desaparecido" en 2001 son 53, lo que representa el 73% de las iniciales.
- Las empresas no familiares de 1992 que han "desaparecido" en 2001 son 57, lo que representa el 53% de las iniciales.

En relación con el nivel de viabilidad en el mismo intervalo:

- En el conjunto de empresas se ha dado un cambio muy importante de 1992 a 2005.
- Como consecuencia del elevado número de empresas emergentes, el número total de empresas ha crecido un 49%. Un 38% las empresas familiares y un 67% las no familiares.
- La antigüedad promedio de las empresas prácticamente no ha variado en el periodo 1992-2003. Al ser 9 años más antiguas las empresas que han

permanecido, las empresas emergentes son necesariamente jóvenes.

- La "sustitución" de empresas familiares, en comparación con las no familiares, ha sido menor (es decir es menor su "presencia"); y su "adaptación" ha sido ligeramente mayor (es decir es menor su "presencia"); y han "emergido" bastantes más empresas no familiares. En consecuencia la "presencia" de las empresas familiares han disminuido un 7,5% y su "incidencia" un 10,3%.

4. 4. Tapies, en su libro titulado "EMPRESA FAMILIAR NI TAN PEQUEÑA, NI TAN JOVEN" (2009), analizando el conjunto de empresas españolas cuyas ventas en el año 2005 superaron los 50 millones de euros[11], encontró que:

	Empresas	
	Familiares	No Familiares
Número de empresas	57%	43%
Facturación	35%	65%
Empleados	42%	58%
Edad promedio	37 años	31 años

En relación con las edades de las empresas de la muestra.

	Empresas	
	Familiares	No Familiares
Menos de 30 años	48%	60%
Entre 30 y 60 años	38%	29%
Entre 60 y 90 años	9%	8%
Más de 90 años	5%	3%

5. En el informe "L'EMPRESA FAMILIAR A

---

[11] Del total de 3196 empresas, el autor separó 219 por pertenecer al sector financiero y de la publicidad, y 248 por ser empresas filiales, quedando la muestra en 2254 empresas.

CATALUNYA", realizado por la Red de Cátedras de Empresa familiar para la Associació Catalana de l'Empresa Familiar (2007)[12], se indica:

- El porcentaje de empresas familiares en Cataluña, en una distribución por deciles, en razón de su facturación, pasa de ser el 89,2% en el decil de menor facturación a ser el 49,8% en el decil de mayor facturación (p. 33).
- La antigüedad promedio de las empresas familiares en Cataluña es de 42,3 años, mientras que la edad promedio del conjunto de empresas españolas incluidas en el Directorio Central de Empresas, elaborado por el Instituto Nacional de Estadística es de 12 años (p. 58).
- El 39,2 de las empresas familiares en Cataluña es propiedad de la primera generación, y el 47,9 lo es de la segunda (p. 63).
- El 34,9% de las empresas familiares son dirigidas por la primera generación, y el 52,5% lo son por la segunda (p. 64).

A modo de conclusiones

Los estudios recién citados son solo una muy pequeña muestra de los muchos que se han llevado a cabo. Su selección se ha hecho con la intención de tener en cuenta la amplitud del período de tiempo en el que se realizaron (1986, 1991, 1995, 1997, 2006, 2009 y 2017), de corresponder buena parte de ellos (1995, 2006, 2009 y 2017) a empresas españolas, y ser sus autores expertos bien conocidos.

Es fácil comprobar la dificultad de obtener conclusiones por medio de la comparación de unos tipos de empresas con

---

12 La base de datos empleada es SABI (Sistema de Análisis de Balances Ibéricos) que incluye más de 850.000 empresas españolas.

otros, aun partiendo de considerar que todos se han apoyado en una similar definición de las condiciones que conducen a clasificar una empresa como empresa familiar.

Por otra parte, como se puede ver en los estudios anteriores, la proporción de empresas "emergentes" jóvenes es muy elevada y ofrece dudas calificarlas tan pronto en su ciclo de vida como empresas familiares o no familiares. Al mismo tiempo es muy difícil estudiar las empresas que han desaparecido, pues dejan muy poco rastro.

Sin embargo, de toda la información analizada se puede inferir con un buen grado de certeza que las empresas familiares tienen dificultades para alcanzar el mismo nivel de desarrollo y crecimiento que las familiares.

Bibliografía de este anexo

- De Geus, A. (1997). *The Living Company.* Harvard Business School Press. Boston, Massachussetts.

- Gallo, M. A. y Estape, M. J. (2006), *Viabilidad de las empresas familiares de tamaño medio del sector español de alimentación y bebidas*, Documento de investigación, DI n°647. IESE Business School.

- *L'empresa familiar a Catalunya. (2017).* Associació Catalana de l'Empresa Familiar. Barcelona.

- Hannan, M. and Freeman, I. (1989). *Organizational Ecology.* Harvard University Press.

- Tapies, J. (2009). *Empresa familiar ni tan pequeña ni tan joven.* Fundación Jesús Serra. Barcelona.

PRIMERA PARTE

EMPRESAS FAMILIARES: SUS COMPORTAMIENTOS

Introducción.

A lo largo de esta primera parte se van a describir varias situaciones de empresas familiares que, en cierta forma, sintetizan unas maneras de ser y de actuar que están presentes repetidas veces en su vida real.

La mayoría de las empresas de negocio inician su andadura de manera similar. Las diferencias que se dan entre ellas en las primeras etapas de su vida se encuentran, principalmente, en algunas cualidades personales de sus fundadores como pueden ser sus estudios, sus experiencias, sus intenciones y sus rasgos de liderazgo; así como también en los recursos económicos de que disponen y en su posición social, entendida ésta, básicamente, en el sentido de sus relaciones con personas que les puedan ayudar en el futuro.

Todas las sociedades de capital nacen con la intención de ser rentables y de alcanzar el éxito gracias al crecimiento de sus modelos de hacer negocios. Algunas nacen con la intención de ser pronto empresas familiares; para otras esto es algo que ya se decidirá conforme avance la empresa y se perfile más el tipo de familia de su fundador; y en otros casos la intención es vender la empresa, parcial o totalmente, construyendo un patrimonio independiente de ella, y continuar o no como propietario o como directivo.

Una parte importante de las empresas que nacen desaparece al cabo de pocos años por no alcanzar su modelo de negocio el éxito que se había previsto, por falta de los recursos necesarios para seguir el camino de la evolución y del cambio (Gallo y Gómez, 2015, p.21), por accidentes difíciles de prever, etc. Entre las que sobreviviendo con éxito deciden ser empresas familiares, se dan algunos modos de funcionamiento, repetidos tantas veces, que se pueden considerar como un "tipo de carácter" peculiar dentro del conjunto de empresas familiares.

En las siguientes páginas se van a describir varios de estos "tipos de carácter". Al leerlos el lector puede tener la impresión de que se trata de comentarios negativos y, en efecto, lo son en la primera parte de las descripciones; pero el lector no debe olvidar que el objeto del libro que tiene en sus manos es estudiar la supervivencia de las empresas con la intención de ayudarlas. En cualquier caso, en las últimas páginas de esta primera parte encontrará varios "tipos de carácter" que tienen las características de ser ciertamente muy positivos.

Las descripciones que siguen no pretenden ser ni una clasificación completa de los comportamientos de las empresas familiares, ni tampoco una síntesis de los mismos. En realidad sólo son descripciones de algunas situaciones concretas conocidas por el autor.

Los miembros de la familia pierden cualidades. La empresa que dejan en herencia no tiene futuro.

En este primer apartado se van a describir dos situaciones que pueden ser distintas, pero también puede ocurrir que correspondan al mismo "tipo de carácter" de empresa enfocado desde dos puntos de vista diferentes; en el primero poniendo énfasis en la erosión de las cualidades emprendedoras de los miembros de la familia a medida que pasa el tiempo, y en el segundo en la erosión de la estrategia y de las capacidades de la organización para avanzar en un entorno competitivo siempre cambiante.

"De un abuelo empresario, a un hijo ingeniero, y a un nieto poeta"

En España, ha sido y es todavía frecuente escuchar la afirmación de que muchas empresas familiares siguen, con su comportamiento, este tipo de evolución. En otras latitudes se emplean expresiones similares como, por ejemplo, "from blue collar to blue collar in three generations"[13].

No hay duda de que esta evolución ha sido verdadera, o muy próxima a la verdad, en el pasado; ni tampoco hay duda de que sigue siendo verdadera en el tiempo presente, a pesar de los mejores conocimientos que hoy se tienen sobre la empresa y sobre cómo resolver situaciones que responden a esta tipología.

La persuasión acerca de lo verdadero que puede haber detrás de este tipo de evolución, habitualmente, se fundamenta en el convencimiento de que hay cualidades personales que no se transmiten de una generación a otra. El espíritu emprendedor demostrado por el abuelo fundador, es una cualidad que el hijo, aun siendo ingeniero gracias al gran esfuerzo

---

[13] "De obrero a obrero en tres generaciones".

económico realizado por sus padres, a veces no hereda, o él mismo la ha perdido o cambiado por otros hábitos más propios de una persona que, por sus estudios y por sus futuras posibilidades económicas, confía más en la técnica que en la prudencia, en la fortaleza y en la imaginación.

Por su parte, el nieto menos laborioso y más alejado de la vida sacrificada de un abuelo emprendedor y también de un padre ingeniero, probablemente por sucesivos y repetidos consentimientos de sus ancestros, cansado de las "guerras" tantas veces contadas por el abuelo y de los "tecnicismos" de su padre el ingeniero, ni siquiera ha considerado ni mucho menos ha estado dispuesto a tomar los riesgos que tomó su abuelo, el emprendedor, ni a poner en la empresa un esfuerzo similar al que ha puesto su padre, el ingeniero. El nieto ha terminado por preferir la poesía o la música.

"Un negocio maduro, imposible de revitalizar, y que se debe enterrar"

En contraposición frontal con el enfoque recién indicado de evolución de una empresa familiar, "empresario-ingeniero-poeta", se encuentra este otro enfoque, "un negocio maduro, imposible de revitalizar, y que se debe enterrar". De este segundo enfoque se habla y se escribe bastante menos que del primero, probablemente porque en los lugares donde públicamente se comentan estas cosas hay más personas de primera generación que de la tercera, pero, sin embargo, resulta ser tan frecuente como el anterior en la vida real de las empresas familiares.

Es el enfoque que ayuda a describir la situación de la siguiente manera: "el abuelo, al final de su vida como empresario, dejó a su hijo en herencia un negocio ya maduro, el negocio resultó imposible de ser revitalizado por el hijo ingeniero, y el nieto poeta recibió algo que llevaba tiempo muerto y no le quedó más alternativa que la de enterrarlo".

Como se indicó anteriormente, en esta segunda situación más que en las cualidades de los miembros de la familia, el énfasis del análisis se pone en las directas consecuencias que para la empresa tienen dichas cualidades de sus propietarios en la estrategia de la empresa y en su organización.

Es cierto que el abuelo supo sacar adelante el negocio gracias a su esfuerzo y a su capacidad de emprendimiento, pero no supo o no quiso comprender que, con el paso de los años, su negocio estaba inmerso en un proceso de maduración o ya había madurado. No supo identificar o no quiso ver que el cambio de los hábitos de compra de sus clientes y de los hábitos de consumo de los usuarios de sus productos, en unión con la presencia de productos y servicios sustitutivos en el mercado, habían debilitado las ventajas competitivas por él imaginadas e implantadas y, como consecuencia, se estaban erosionando sin remedio los márgenes económicos que la empresa lograba. Para la continuidad en el medio y largo plazo de su empresa resultaba imprescindible revitalizarla estratégicamente, pero no lo hizo. No quiso aceptar el aforismo que afirma que todos los negocios de este mundo maduran.

El hijo, tan laborioso como su padre, puso todos los conocimientos aprendidos en la escuela de ingenieros y en un programa de dirección general de una escuela de negocios en pro de la revitalización estratégica del negocio heredado, pero, cuando alcanzó por herencia el derecho a ejercer el poder en la empresa, era ya tarde o muy tarde para actuar. Logró, gracias a reinvertir parte del patrimonio heredado, mantener la empresa viva durante algún tiempo, dando un mayor servicio a los clientes, mejorando la contabilización de los costes y haciendo un denodado esfuerzo por la reducción de estos. Pero, en empresa, el negocio que no cambia y no crece, tarde o temprano madura y muere, y la reducción de costes que no procede de una mejoría real de la productividad por la aplicación de nuevas tecnologías, o por economías de escala o por economías de configuración, conduce a la anorexia prolongada, y esta anorexia tiene como consecuencia la infertilidad.

El nieto, poeta o menos poeta, violinista o menos violinista, y probablemente persona sin interés por seguir el ejemplo de su padre y de su abuelo, heredó un negocio que estaba en la "unidad de cuidados intensivos" y que poco tiempo después pasó a cuidados finales, "paliativos". El negocio ya muerto tenía que ser enterrado con los mínimos gastos posibles, gastos que resultó que no podía cubrir la propia empresa pues, como ocurre tantas veces, a esta empresa, al final la "mató" la falta de tesorería. El nieto, al conocer que no se podían pagar los "gastos del entierro", de acuerdo con la legislación, entregó el negocio a las autoridades competentes para que intentaran resucitarlo o determinaran quién y cómo corría con los gastos del entierro. Al final de la historia ha resultado que el nieto había trabajado en la empresa familiar tanto o más que el abuelo, pero, eso sí, llevando a cabo una tarea bastante más aburrida.

No es habitual que este segundo enfoque sea comentado en público, resulta más fácil atribuir el siniestro a los jóvenes y a su estilo de vida. Así el culpable es el último en llegar. Sin embargo, años de experiencia ayudando a muchas empresas hacen ver que esta segunda situación se presenta en la vida real con tanta o mayor frecuencia que la de "empresario-ingeniero-poeta".

¿Cómo es posible que tantas empresas familiares no reaccionen a tiempo para superar la maduración de sus negocios? Dejando aparte la triste situación en la que la persona que detenta el poder, ni tiene, ni quiere alcanzar conocimientos suficientes para comprender e identificar la maduración de su negocio, en los párrafos siguientes se va a intentar dar contestación a la pregunta recién hecha.

Antes de intentar esta contestación, es conveniente insistir en que la maduración de los negocios se puede dar, y de hecho se da, en primera, segunda o tercera generación y que, comportamientos como los anteriormente citados, así como los que ahora se comentarán, se presentan con más facilidad cuando una persona ostenta todo el poder en la empresa o una mayoría suficiente del mismo.

Errores frecuentes en el ejercicio de las *potestas*[14].

En este segundo apartado se continúa con la descripción de tipos de carácter que se presentan con frecuencia en las empresas familiares, que tienen su principal origen en el ejercicio equivocado de la *potestas,* en el proceso de gobierno y dirección de la empresa, por parte de la persona o personas que detentan la totalidad o la mayoría de los derechos políticos que están anexos a la propiedad del capital de la empresa.

En estas situaciones, los principales protagonistas son personas que, aún habiendo dispuesto durante tiempo de una elevada *auctoritas,* terminan equivocándose en el ejercicio de su *potestas* por ser medrosos y recelar del futuro, por un egoísmo que les lleva a ordenar las cosas hacia su bien propio sin cuidar del bien de los demás, o a veces por creerse iluminados para implantar una forma particular de paternalismo, y en otras ocasiones por ignorancia o por una despreocupación temeraria.

---

14 En adelante al tratar del poder en la empresa se va seguir la distinción elaborada por Alvaro D'ors (Domingo,1987, p.51) entre *potestas* y *auctoritas:*
Potestas es la *fuerza* socialmente reconocida, es decir es *poder* reconocido.
Auctoritas es la *verdad* socialmente reconocida, es decir el *saber* reconocido.

"La triple coincidencia"

Este comportamiento, identificado hace años con el apelativo de "la triple coincidencia" (Gallo, 1997, p.32) pues en él se dan al mismo tiempo tres causas determinantes del progresivo debilitamiento de la empresa, y las tres están unidas a motivaciones de la persona que ejerce la *potestas*.

En empresa familiar la maduración del negocio citada en el apartado anterior se presenta, con frecuencia, coincidiendo en el tiempo, con la erosión de las cualidades de quien detenta las *potestas*, de manera especial con la disminución de su capacidad para cambiar o con el incremento de su temor al cambio. Esta persona, por haber estado años haciendo "lo mismo", adquiere el hábito de sólo hacer una cosa, que es seguir con lo mismo, y está convencida además de que hacer lo mismo es lo prudente porque así no se yerra ni se recela de lo desconocido. ¡Cuántas veces se oye a propietarios de empresas familiares la expresión de "aquí siempre las cosas se han hecho de esta manera"!

Al mismo tiempo, revitalizar estratégicamente la empresa exige importantes inversiones económicas. Estas necesidades de invertir coinciden con cambios en las necesidades y motivaciones de la persona con *potestas,* así como en las necesidades y motivaciones de su cónyuge. Ambos, ahora con edades más avanzadas, están más preocupados, que al iniciar la empresa, por su seguridad económica y por mantener el estatus social que tanto les ha costado alcanzar. Estatus en parte cimentado en el hecho de que son personas que saben hacer empresa y que han logrado construir un importante patrimonio.

Mantener la seguridad económica de la familia y, al mismo tiempo, hacer una inversión arriesgada, pero que es necesaria para la revitalización de la empresa, con frecuencia, son hechos que resultan algo contradictorios. Mantener el estatus e implementar decisiones que conducen a dejar el poder en otras manos, o que llevan a admitir socios terceros o a vender la empresa, pueden con facilidad estar acompañadas por la pérdida de prestigio en la sociedad, aunque lograr la participación en el capital de socios con recursos para revitalizar la empresa, o la venta de la empresa madura sea lo que se debe hacer, pero no es lo que se hace.

Coincidiendo con los puntos anteriores, ocurre que buena parte del equipo de directivos de la empresa, personas que han acompañado al propietario desde que el negocio empezó a ser exitoso, directivos con edades similares a la suya y que por tener capacidades complementarias a las suyas y hacer siempre lo mismo, son especialistas funcionales de "lo mismo" y están muy lejos de poseer las cualidades propias de los generalistas.

Y así se cierra el circuito de una triple coincidencia muy basada en motivaciones y también en una cierta dosis de vanidad y falta de arrojo, que se intenta representar en la siguiente figura.

La realidad es que los cambios en las necesidades y motivaciones de quien tiene el poder, han reforzado la tendencia a no invertir, a hacer "lo mismo", a conservar capacidades directivas inferiores, y a que el negocio continúe madurando irremediablemente.

Fig.-2 *Maduración del negocio: Círculo vicioso.*

"Conservar el poder: Piloto automático"

La característica más destacable de este tipo de carácter, en parte similar al anterior, consiste en que la persona al frente de la empresa familiar desea realmente seguir ejerciendo durante todo el tiempo que pueda su poder pleno (Gallo, 2016, p.59). Algo que por otra parte no es de extrañar pues el poder, como resulta bien conocido, es uno de los estímulos o fuerzas interiores que con mayor potencia están presentes en la persona. "Príncipe de los instintos", así ha sido calificado por Adler (Torelló, 2010, p.76); por su parte Alvira (2005, p.71) afirma que el poder es una de las "tres inclinaciones fundamentales de la naturaleza humana: la tendencia al poder, la tendencia al reconocimiento y la tendencia al placer".

De acuerdo con la legislación de las sociedades de capital, quien tiene la nuda propiedad tiene el poder y, también de acuerdo con la ley, la persona con la propiedad puede ejercer su *potestas* aunque no goce de la *auctoritas* necesaria para hacerlo acertadamente. En empresa familiar, si la persona con *potestas,* tiene como fuerza interior que le motiva el continuar ejerciéndola, algo que suele ocurrir y con más intensidad cuanto más se crece en edad, y por otra parte la empresa todavía puede aguantar bien en términos económicos unos años más, para esta persona es relativamente fácil dar satisfacción a su ambición de *potestas,* poniendo la empresa en "piloto automático", es decir, siguiendo la misma ruta que se venía siguiendo y que inexorablemente conducirá a la maduración del negocio.

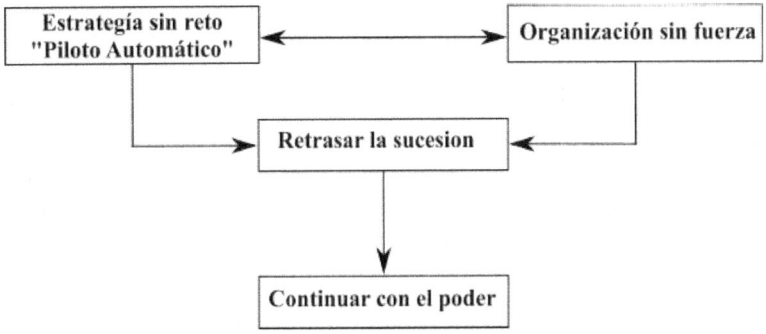

Fig.-3 Solución: Continuar con el poder.

El discurso mental de esta persona, gráficamente representado en la figura precedente, seguirá un raciocinio como el siguiente: "Económicamente hablando está claro que mi negocio va bien, aunque muestre algunos signos ligeros de maduración. Aquí, yo soy el único que tiene capacidades suficientes para diseñar la estrategia que lo revitalizará y la voy a diseñar". Y así lo hace.

Pero la estrategia que diseña presenta pocas rupturas con la anterior. Él, que "sabe más que nadie", no acepta de verdad que sus conocimientos, su *auctoritas,* son limitados y que además están sesgados por unas intensas preferencias personales de continuar ejerciendo la *potestas.* No quiere escuchar a los que de verdad saben, incluso ahora hace menos caso a sus directivos y éstos, algunos maniatados por lealtades mal entendidas, no le dicen aquello que no le gusta oír. Como no podía ser de otra manera, la nueva estrategia es un calco casi clónico de la anterior. En apariencia cambian muchas cosas, pero son cosas poco importantes, pues buena parte de los cambios son nuevas denominaciones de lo que ya se hace en la empresa.

Su discurso continúa con la lógica habitual. "Ahora que ya tenemos la estrategia, hay que organizarse para implantarla, hemos de diseñar una nueva estructura de responsabilidades". Pero la realidad vuelve a ser otra, después de hacer ver y oír que busca personas, termina decidiendo que las más adecuadas son las que tiene; quizá con pequeños cambios como, por ejemplo, la jubilación y sustitución de alguna persona por quien es su segundo, o empleando nombres diferentes para designar el mismo tipo de responsabilidades, o alguna incorporación no muy significativa, etc.

Y continúa pensando: "¿Quién será la persona adecuada para liderar la nueva situación?" Sin ninguna duda, él mismo y, además, como conoce muy bien su tarea, podrá afirmar que continuando al frente de la empresa dispondrá de más tiempo para dedicarse a preparar su sucesor. De hecho, lo que ha logrado, es lo que en el fondo perseguía: retrasar la sucesión y continuar ejerciendo la *potestas* plena, gracias a poner la empresa en "piloto automático", pues no ha habido verdaderos cambios ni en la estrategia del negocio, ni en la organización, ni en la asignación del poder. Estando la empresa en "piloto automático" la clave para cambiar la situación solo la tiene él, mientras conserve la *potestas*. Si la situación no cambia, la empresa seguirá un rumbo fijado, pero el futuro destino no está precisado, y si se quita el automatismo muy probablemente él perderá el poder. Son los conocidos círculos viciosos de "si retraso la sucesión continúo con el poder, y el poder me da la posibilidad de retrasar la sucesión", "deseo tanto continuar con el poder que no me quiero ni enterar de la necesidad del cambio".

Pero poner la empresa en piloto automático y recorrer círculos viciosos como los recién citados, acostumbra a tener un mal final. Un final en el que se hace daño a la comunidad de personas que es la empresa, a los bienes particulares de quienes la forman y al bien común del entorno en el que vive, y no se puede dejar de pensar que hacer este tipo de daño, cuando se puede evitar, es una importante falta de ética, la falta de ética en la que incurre un egoísta con poder pleno en la empresa[15].

La empresa familiar como juguete.

Comportamientos diferentes de los anteriormente comentados, en los que la generación anterior deja como herencia a la siguiente generación un negocio maduro, son los que se observan en empresas que llegan con éxito al final de la primera generación, pero, sin embargo, después no continúan o lo hacen con fuertes dificultades debido a las formas de actuar de sus fundadores.

Los fundadores de estas empresas[16] acostumbran a ser excelentes hombres de negocio que, con gran visión empresarial, se anticiparon en cada revitalización estratégica que resultó necesaria para su negocio y no se empeñaron en dar continuidad a negocios maduros. Las inversiones para incrementar sus ventajas competitivas o para diversificar a nuevos negocios las realizaron oportunamente, así como los cambios de la organización, y la situación financiera de su empresa es excelente como también lo es su posición en el

---

15 A algunas de estas personas se les puede aplicar la afirmación de Boecio (2015, p.89): "... si pensáis que la fama puede alargar la vida de un hombre mortal, llegará un día en que se os arrebate también todo eso y ya no os quedará más que una segunda muerte".
16 Este tipo de situaciones también pueden presentarse en segunda generación cuando ésta está formada por una sola persona, o por varias que no ejercen sus derechos políticos y dejan hacer a una sola.

entorno competitivo.

En su empresa se han incorporado sin especiales problemas miembros de la segunda generación. También, con frecuencia, se ha formulado un pacto de familia, en buena parte debido a que hay que seguir la moda, porque, en la realidad, dicho pacto no se implanta a fondo con todas sus consecuencias, aunque si se implanta en aquello que no genera ni compromiso profundo ni discusión que pueda dar lugar a discordias. Es posible que el fundador, siguiendo un modo de hacer que está bien visto, también haya instituido un consejo de administración con consejeros externos e independientes, que no colegian con él las decisiones pues sus decisiones habitualmente resultan acertadas, sino que, más bien, son como "floreros" que adornan la sala de reuniones, o "si señores" que le dan la razón y a veces entonan cánticos en su alabanza.

La mayoría de las personas que con él se relacionan piensa que es un excelente líder, y que su empresa está siendo ejemplo de empresa familiar exitosa en primera y segunda generación.

Sin embargo, en el hondón de las intenciones de éste líder, está considerar y tratar la empresa que él ha diseñado, construido, conservado y mejorado, como su "juguete personal". Juguete de su amo, amo inteligente y voluntarioso, no del todo responsable, porque su egoísmo en la satisfacción de sus deseos y su soberbia le impiden hacer de su empresa la empresa que debería llegar a ser realidad en un futuro más allá del fin de su vida activa.

Él es feliz jugando con su juguete, conoce bien las reglas del juego, además de las necesarias para tener éxito en la empresa, pues las ha inventado él y las aplica con exactitud en todos los aspectos. Él está decidido a seguir jugando con su juguete, envidiado por muchos, mientras tengas fuerzas para hacerlo y sin cansarse más allá de lo razonable, y cuando las fuerzas le empiecen a abandonar en serio seguirá jugando, aunque sólo sea a tiempo parcial, dedicado a lo significativo, el gobierno de su empresa-juguete.

¿Se puede considerar cierta la afirmación de que esta empresa, aunque en ella esté trabajando algún miembro de la siguiente generación, es una empresa familiar? ¿No es más bien una empresa juguete de su propietario? ¿Tiene éste intenciones auténticas y eficaces de que pase como empresa familiar a las siguientes generaciones, apoyándose en modelos que conducen a una transmisión responsable de la propiedad, es decir, una transmisión en la que la *potestas* aneja a la propiedad sea ejercida por personas con *auctoritas*, capaces y responsables, y en la que la familia propietaria haga suyo un verdadero proyecto común?[17].

Algunos de estos fundadores exitosos desarrollan formas inteligentes de transmitir la propiedad a las siguientes generaciones, teniendo en cuenta las diferentes circunstancias de su matrimonio, el número y las cualidades de sus hijos y parientes por afinidad, así como las alternativas legales que pueden seguir. Pero es poco frecuente que comenten con sus sucesores dicha forma de transmisión por herencia. Lo habitual en ellos es mantener el secreto o sólo comentar alguna generalidad, pues no quieren enseñar el futuro de su juguete no vaya a sufrir algún desperfecto o a aparecer algún inconveniente a la hora de jugar con él. Tampoco es frecuente que los miembros de segunda o tercera generación se animen a preguntar. Como resultado se llega a una

---

17 Si este tipo de empresas sólo fuera el "juguete de su amo", y las comentadas anteriormente sólo fueran "negocios maduros para alimentar motivaciones y necesidades" o para "permitir la continuidad del ejercicio del poder", es lógico preguntarse por qué se las califica como "empresas familiares" cuando esta intención resulta prácticamente irrelevante en comparación con otras intenciones de sus propietarios. Si no se calificaran como empresas familiares, buena parte de las estadísticas tan empleadas en el mundo de la empresa familiar cambiarían radicalmente.

situación, que puede durar años, con la incógnita principal de cuál será el futuro del tan bien cuidado juguete, situación que puede conducir a que las personas más capaces de la siguiente generación tomen derroteros profesionales que les alejen del juguete, apartándose de la empresa de su antecesor.

¡Ojalá que, a la desaparición del dueño, el juguete se transforme en una verdadera empresa familiar y sus hijos puedan gobernarla y dirigirla en su día a día!

"Después de mí el diluvio"

En relación con lo último indicado en el tipo de carácter "la empresa familiar como juguete", y dentro del amplio panorama de formas que para la transmisión por herencia de la empresa se encuentran en la realidad, merece la pena destacar dos extremos que, con frecuencia, hacen inviable la empresa familiar a largo plazo.

El primero es el que desde hace siglos se conoce con la expresión "después de mí el diluvio" y significa, en su sentido más estricto, no preocuparse con un mínimo de prudencia por la transmisión de la propiedad y del poder en la empresa, no esforzarse por la formación de sucesores en la *auctoritas* ni, tampoco, en la preparación de los futuros propietarios para ejercer responsablemente su *potestas*. Es decir, despreocuparse por el futuro de la empresa y de la familia apoyándose, con frecuencia, en el argumento de que les deja todo lo que construyó en vida, que fue mucho.

El comportamiento "después de mí el diluvio" acostumbra a estar acompañado por un testamento, pocas veces dado a conocer en la vida del testador, redactado de manera que a él no le ocasione problemas, pues busca el cumplimiento de la legislación y dejar "partes iguales" entre los sucesores. De acuerdo con este testamento, el dueño de la empresa entregará en su momento, a su muerte, la empresa a sus herederos y cada uno de ellos, individualmente, en grupos o como conjunto, intentará que su herencia, la empresa, vaya bien. Si su deseo no es seguir, buscarán vender la empresa e, incluso, algo que casi nunca ocurre, si no ven que la empresa tenga ningún futuro y muchas deudas, intentarán renunciar a la herencia.

Las personas que tienen una manera de actuar a semejable a esta de "después de mí el diluvio" tendrán que comprender que la empresa como comunidad de personas no debería correr riesgos con su fallecimiento, pues lo responsable es que continúe viviendo. Seguir en la transmisión de la propiedad la fácil alternativa comentada, aunque sea legal, es un ejercicio poco adecuado del poder en una de las ocasiones en las que resulta más necesario que éste sea bien ejercido. "Después de mí diluvio" es manifestación de un egoísmo profundo propio de quien está acostumbrado a ordenar todos sus actos a su bien particular sin cuidarse del bien de los demás; es utilizar la empresa hasta el último momento para satisfacer las intenciones propias, sin tener en cuenta otros objetivos más importantes como es la responsabilidad social de ayudar a la continuidad de la comunidad de personas; es manifestación del convencimiento de que, por ser propietario de la empresa, por haberla construido o por haberla heredado, puede hacer con ella lo que a él le venga en gana.

"Reinar después de muerto"

En el extremo contrario a "después de mí el diluvio" se encuentran los empresarios que quieren "reinar después de muertos". Reinar no solo en la empresa familiar sino también en la familia.

Personas que se consideran "iluminadas" para establecer las estrictas normas a seguir por las futuras generaciones en la empresa, convencidas de que estas normas garantizarán el éxito económico. Sin embargo, la luz que les ilumina no puede dar lugar a la certeza pues no pasa de ser su propia soberbia, y el poder para dictar normas que emplean es pura *potestas* carente de la *auctoritas* del buen gobernante.

Son personas que no entienden el buen paternalismo que respeta la libertad de los herederos, y ejercen un paternalismo malo basado en la "dictadura del falso amor" que a la postre suscita la rebelión (Cruz, 2010, p.126).

En esta situación de "reinar después muerto", por medio de la aplicación de leyes y reglamentos en la empresa, buena parte de las veces poco usuales y de utilización más común en otros países que en el país propio, así como por otras disposiciones testamentarias, obligan a las siguientes generaciones, durante muchos años, a restringir el ejercicio del poder. Estas reglas conducen a la implantación práctica de la voluntad del fundador sobre cómo debe actuar la empresa en el futuro cuando él no está presente, convencido de ello porque actuando así durante su vida a él le fue bien; tal vez porque considera que él sabe muy bien cómo deben tomarse las decisiones en el futuro lejano en el que no vivirá; tal vez porque piensa tener un juicio exacto que además será permanentemente acertado, acerca de cuáles son las cualidades de sus sucesores y sobre cómo conducirlas.

Ojalá no sea porque él no ha sabido ayudar a sus sucesores a desarrollar las cualidades acertadas, ojalá no sea por una excesiva estimación de sus propias cualidades con menosprecio de las de los demás, y ojalá no sea por el placer de pensar que, aunque muerto, seguirá dominando y, especialmente, ojalá no responda a un deseo de suscitar discordias o, lo que sería realmente terrible, no responda a ningún deseo de vengarse de sus herederos o de alguno de ellos.

¿Tiene sentido coartar la libertad de unos sucesores, personas distintas a él, que tendrán que actuar en situaciones diferentes a las que él conoció y que ahora son difícilmente previsibles? No es fácil contestar esta pregunta de una manera taxativa.

En efecto, hay ocasiones en las que sí resultará conveniente establecer disposiciones a cumplir, acerca del gobierno y dirección de la empresa, una vez su fundador haya fallecido o haya sido legalmente incapacitado. Ocasiones como las que se presentan cuando los sucesores tienen problemas mentales o físicos importantes, que les impiden actuar con la profesionalidad necesaria para la acertada conducción de la empresa. Ocasiones que ocurren cuando los sucesores tienen y siguen con éxito vocaciones muy alejadas de la empresa, prefiriendo ser ayudados por otras personas en su eventual dedicación futura a la empresa, y para que la misma sea posible han trabajado con sus antecesores hasta encontrar una solución viable acertada.

Pero cuando las circunstancias no son del tipo de las anteriormente citadas, es cierto que carece de sentido, por ser una imprudencia que un antecesor coarte la libertad de sucesores prudentes y suficientemente formados en gobierno y dirección de la empresa. Este antecesor no conoce qué ocurrirá en el futuro, y no será él sino sus sucesores quienes tendrán que vivirlo personalmente.

En relación con los tipos de funcionamiento indicados en este segundo apartado, lo que está lleno de sentido es ayudar a la formación de las siguientes generaciones y ayudar a que la empresa disponga de un excelente órgano de gobierno. Así mismo, tiene todo el sentido ayudar a que los miembros de las siguientes generaciones desarrollen los hábitos propios del buen gobernante. Está pleno de sentido generar puestos de trabajo de calidad; incrementar la liquidez de la empresa por razones estratégicas y, también, para que pueda ser empleada en la resolución de problemas entre los futuros propietarios; como también lo está sembrar orden, y enseñar y acostumbrar a las personas a vivir en él. En el fondo, están llenas de sentido todas las intenciones prudentes, que ayuden a que la empresa continúe siguiendo un buen camino.

Fallos en los conocimientos y en la voluntad.

Como es natural, al analizar los tipos de carácter o comportamientos hasta aquí descritos se han observado numerosos fallos en los conocimientos y en la voluntad de sus protagonistas. En este tercer apartado se van a describir dos situaciones en las que estos fallos dan lugar a auténticas e intensas caídas en dos de las trampas profundas de las empresas familiares: la trampa de "confundir el hecho de ser propietario o de ser miembro de la familia con tener capacidad profesional para trabajar en la empresa", y la trampa de "no implantar de forma completa y a su tiempo los procesos sucesorios" (Gallo, 2016, p.65).

"La crisis estructural"

Esta situación, que se designa desde hace años con el nombre de "crisis estructural" (Gallo, 2008, p.59), es una situación que se presenta en algunas empresas familiares en las que están incorporados desde hace tiempo en puestos de dirección varios miembros de la segunda generación. La razón de la crisis se encuentra en haber estado incurriendo desde hace tiempo en la falta de coherencia entre la estrategia de la empresa y su organización.

Como es bien sabido, en términos generales, la estrategia de una empresa se puede calificar como la situación futura que se desea que la misma alcance; situación futura en sus ámbitos de productos, mercados y geografía; situación futura en cuanto a los distintos negocios en los que estar operando y sus correspondientes ventajas competitivas; situación futura en cuanto a la estructuración de su activo, de su pasivo y del nivel de liquidez a alcanzar; situación futura, en fin, en cuanto a su crecimiento y a la rentabilidad a obtener de los recursos económicos empleados.

Así mismo, y también en términos generales, la organización se puede calificar como el vehículo con el que, partiendo de su situación actual, la empresa debería alcanzar la situación futura deseada, es decir, implantar su estrategia. Este vehículo está formado por todas las personas de la empresa, y en él influyen de manera especial los directivos que tienen las responsabilidades de su conducción; es un vehículo en el que cada quien ocupa su puesto de trabajo, es decir, las personas tienen asignadas una funciones a desempeñar, cada una con el particular nivel de autonomía que a cada persona se confiere, integrándose al desempeñarlas con las demás personas; vehículo con sus órganos de gobierno y de ejecución; vehículo, en fin, con un conjunto completo de sistemas de dirección como son los de comunicación, evaluación, desarrollo de cualidades de las personas y de su remuneración.

Si el vehículo no es adecuado para alcanzar la situación futura, ya de partida se dará una incoherencia entre estrategia y organización que, salvo cambios importantes en la estrategia o en la organización o en ambas al mismo tiempo, será origen de una crisis que, según su intensidad y duración, conducirá la empresa familiar hacia una situación final distinta de la deseada, y con una organización anquilosada que con dificultad se ajustará a las evoluciones del entorno competitivo. El desajuste permanente no corregido, entre estrategia y organización conducirá con el paso del tiempo al fracaso de la empresa.

Las causas de la "crisis estructural" pueden ser varias, como por ejemplo:

- Haber duplicado o subdividido las funciones, dando

origen a puestos de trabajo directivo para más miembros de la familia. Puestos que no son necesarios para la estrategia.

- Haber permitido que algunos miembros de la familia den satisfacción a sus preferencias personales diseñando puestos de trabajo para ellos o para sus protegidos, de nula, dudosa, o pequeña utilidad.

- Llevar a cabo una copia indiscriminada del orden de los apellidos, de las edades y generaciones a la hora de asignar niveles jerárquicos y, así, intentar evitar problemas de elección según capacidades profesionales entre los distintos miembros de la familia.

- Haber reservado funciones específicas como comerciales, finanzas, etc. a cada rama de la familia, con la intención de evitar discusiones.

- Haber permitido que cada rama de la familia tenga sus propios sistemas de control, e incluso sus propias personas de control, para "espiar" qué ocurre en la empresa y qué hacen los miembros de las otras ramas.

Como es fácil comprender, cuando en el diseño de la organización de una empresa se emplean criterios como los recién citados, difícilmente los puestos de trabajo serán los adecuados para hacer realidad la estrategia; y por esta misma razón tampoco será posible que las personas alcancen el equilibrio entre su *potestas* y sus *auctoritas* que resulta necesario para desempeñar acertadamente el poder de la empresa.

Es un hecho comprobado que, en buena parte de las empresas, familiares y no familiares, la frecuencia con la que se intenta cambiar la estrategia es superior a la frecuencia con la que se logra cambiar la organización, debido a que el cambio de las personas y de lo que ellas hacen acostumbra a presentar una mayor dificultad que el cambio de las intenciones de lograr objetivos. Por ello, las nuevas estrategias terminan siendo, en buena parte, más la respuesta a lo que saben o sabrán hacer los actuales directivos, que a lo que se debería hacer en razón de las oportunidades del entorno, pues para esto sería necesario cambiar algunas personas. Esta realidad es una clara manifestación de que la empresa familiar está en situación de "crisis estructural".

La realidad recién indicada se agrava en muchas empresas familiares, porque la *potestas*, es decir, los derechos políticos de la propiedad, acostumbran a ser detentados por los mismos propietarios durante períodos prolongados de tiempo, y como los cambios en la estructura de responsabilidades pueden dar lugar al cambio de sus propios puestos de trabajo y al de sus más próximos parientes, estas personas con *potestas* se resisten a acometerlos o, incluso, ni los consideran.

A los puntos anteriores, hay que añadir que las estructuras de muchas empresas familiares son durante períodos prolongados de tiempo estructuras funcionales formadas por personas especialistas, y es bien conocido que una estructura funcional resulta más difícil de cambiar con rapidez que una estructura en la que las principales responsabilidades son desempeñadas por generalistas.

Cuando la "crisis estructural" dura mucho tiempo, acaba con la unidad de los miembros de la familia entre sí y con su empresa, y cuando la desunión permanece en la organización ésta termina por disolverse, pues siempre es cierto el aforismo de que lo desunido se corrompe. "Sin unidad no hay vida. Los grados de vida son tanto más altos cuanto más integrados están" (Selles, 2006, p.28).

"Retrasos indebidos en la sucesión"

En este tercer apartado titulado "Fallos en los conocimientos y en la voluntad", también se puede situar el grupo de empresas familiares que viven durante un periodo de tiempo excesivamente prolongado el "retraso indebido de la sucesión".

Muchas de estas empresas familiares son empresas que han sido bien conducidas por su fundador durante años. Pero éste, que no desea para los suyos y para la empresa la situación anteriormente descrita como "después de mí el diluvio", tampoco se decide a acometer con energía y avanzar más deprisa en la implantación de los procesos necesarios para que su sucesión tenga lugar ordenadamente. Incluso se da cuenta de que sería oportuno hacerlo, pero por desconocimiento de cómo llevarlo a cabo, por pensar que va a vivir en forma muchos años más, a veces animado a continuar por su cónyuge y, en alguna ocasión, por diferencias con los hijos y parientes afines, no imprime a su sucesión el ritmo conveniente.

La buena situación económica de muchas de estas empresas en las que se "retrasa la sucesión" permite a quienes las gobiernan "comprar tiempo", en algunas ocasiones acallando críticas gracias a una distribución generosa de dividendos, en otras ocasiones por medio de la formulación de protocolos familiares, la implantación de consejos de administración y de familia, la estructuración de oficinas de familia, etc. Medios, todos estos, que pueden ser buenos si responden a un diagnóstico y a unas finalidades acertadas, pero que son irrelevantes y aumentan el grado de complejidad de la empresa cuando el diagnóstico o las finalidades están equivocadas. Por ello no es extraño que este tipo de empresas familiares resulte ser un buen mercado para los consultores.

Pero la situación real de estas empresas es bastante más dura de lo que parece. Son empresas que han caído en la trampa más habitual de las empresas familiares y, durante tiempo, quienes tienen el poder no deciden salir de ella, la trampa de "no implantar de forma completa y a sus tiempos los procesos sucesorios" (Gallo, 2016, pp.42 a 60). Si las personas que las gobiernan y dirigen hubieran cumplido bien "su primer trabajo" que consiste de "buscar sus propios sucesores" (Sellés, 2013, pp. 270-272) con bastante probabilidad la empresa habría conseguido una continuidad exitosa y prolongada.

En el caso de empresas familiares de tamaño importante, los comentarios hechos en este apartado sobre "la crisis estructural" y "el retraso en la sucesión" guardan cierta relación con las opiniones manifestadas por Nicolás Maquiavelo, en su obra "Discursos sobre la primera década de Tito Livio", al tratar de la sucesión y continuidad de diversas Ciudades – Estado en la Italia del Renacimiento.

"Los reinos que dependen de la virtud de uno solo son poco duraderos, porque la virtud acaba cuando acaba su vida y raras veces acaece que se renueve en su sucesor" (Maquiavelo, 2012, p.70).

Parece lógico pensar que la virtud a la que hace referencia Maquiavelo es el hábito de buen gobierno. Este hábito ha sido más recientemente explicado como un conjunto de virtudes humanas formado por la paciencia, la moderación, la modestia, la caridad y la generosidad (Pontificio Consejo Justicia y Paz, 2005, punto 410).

Virtudes humanas que, fundamentadas en la prudencia, y en la justicia, se relacionan entre si hasta quedar concatenadas en el ejercicio del poder: "Con ánimo, sobreponiéndose con paciencia a las circunstancias adversas, sin sobreestimar las propias cualidades y posibilidades; con moderación y mesura para mitigar las propias carencias y preferencias no acertadas; ejerciendo la autoridad para alcanzar el bien de las personas; y con la generosidad de anteponer la seriedad en el cumplimiento de los compromisos a una utilidad estrictamente personal" (Gallo, 2016, p.188).

Y de nuevo otra afirmación de Maquiavelo:

> "Un sucesor sin tanta virtud como el primero puede mantener el Estado apoyado en la virtud del anterior y gozando del fruto de sus fatigas, pero si su vida es muy larga o después de él no surge otro que tenga la virtud del primero, es inevitable la ruina. Por el contrario, si dos consecutivos son muy capaces se ve a menudo que logran empresas grandísimas (Maquiavelo, 2012, p.92).

Situaciones violentas.

Desgraciadamente, entre tantas empresas familiares como han existido y existen, también se encuentra un grupo en el que se dan unos comportamientos que se pueden calificar como "violentos". Son empresas caracterizadas porque en ellas unos y otros miembros de la familia emplean medios airados, falsos o torcidos, habitualmente con una fuerte carga emocional y apoyándose en argucias más o menos legales para vencer la resistencia de los que les hacen la contra. Son situaciones en las que, a lo largo del periodo de convivencia generacional, los iniciales hábitos buenos de gobierno y dirección se han transformado en hábitos malos, pasando de lo óptimo a lo pésimo.

Este tipo de situaciones se presenta en empresas familiares de cualquier tamaño, sin embargo, como los medios de comunicación social se fijan más en las de gran tamaño, éstas resultan ser las más conocidas. Por otra parte, al mismo tiempo y con frecuencia, estos mismos medios hacen de caja de resonancia de los enfrentamientos entre las personas, de las amenazas, de la astucia en los pactos de unos para luchar contra los otros, y de la ambición de unos y otros para hacerse con el poder.

La vida irregular más o menos escondida, los malos ejemplos, la codicia, la carencia de virtudes en miembros de la familia que tiene poder en la empresa y el frecuente uso de la astucia en sustitución de la prudencia, conducen a luchas de los hijos con los padres y de los hermanos entre sí. Luchas que resulta difícil precisar quien las inició y en las que, con frecuencia, es difícil atribuir la razón a uno o a otro de los contendientes pues es fácil descubrir culpabilidad en todas las personas y bandos.

Cuando esta violencia es conducida con cierta frialdad, y si el tamaño de la empresa es importante, es cuando intervienen muchos mediadores, negociadores y abogados. Cuando la lucha es por la posesión de algún determinado activo o la quita de un pasivo, y la empresa tiene o puede hacer suficiente liquidez en un plazo relativamente corto, el final de la violencia es una meta alcanzable. Cuando la lucha está originada por temas relacionados con el comportamiento ético de algunos miembros de la familia, con principios y valores que se daba por supuesto que todos respetarían y se conoce o se piensa que no han sido respetados, las personas van muy lejos en sus disputas y, cuando parecen apaciguarse, retornan al origen de la ofensa para volver a encender su ánimo, cargándolo de odios renovados y continuar así la lucha con una mayor violencia. De nuevo se cumple que "la desconfianza es el auténtico asesino de las empresas familiares" (Gordon & Nicholson, 2008, p.12).

Evoluciones Patrimoniales.

En este quinto apartado es cuando se pasa de describir situaciones negativas a tratar de tipos de carácter de empresas familiares que es natural calificar como mutaciones exitosas, en el sentido de que en ellas la familia, o parte de la misma, continúa manteniendo porcentajes importantes, incluso totales, de la propiedad y desempeña responsabilidades de gobierno y dirección.

"De una empresa familiar exitosa a otra u otras empresas exitosas"

El crecimiento y cambio de una empresa familiar, casi siempre está unido con el crecimiento en el número de sociedades legales que la conforman, algunas cuyo capital es poseído en su totalidad directa o indirectamente por la familia, en otras es poseído en su mayoría, y en otras en minoría. Así mismo, habitualmente el paso del tiempo acostumbra a estar acompañado por el crecimiento en el número de ramas o estirpes de la familia, así como en el número de sus miembros consanguíneos y afines.

Salvo que en diversas épocas de la vida de este grupo familiar se implanten decisiones estrictas de agrupación de actividades, la estructura legal del grupo terminará siendo compleja. Por otra parte, si no se implantan decisiones de agrupación de las participaciones en los capitales sociales y se procede a la distribución de las acciones y de las participaciones entre los herederos, la estructura de la propiedad de capital se irá haciendo más próxima a una estructura de propiedad disgregada entre muchas personas físicas o legales. Como consecuencia, el proceso de gobierno del grupo se irá haciendo más complejo y, por ser más complejo, con el riesgo de una menor eficacia.

Esta complejidad, con frecuencia, se tiende a simplificar por medio de una estructuración de la propiedad de las diferentes empresas que haga posible el gobierno de todo el grupo desde una compañía holding. Al mismo tiempo, también con frecuencia, se busca que los derechos políticos de la propiedad estén menos disgregados mediante sociedades tenedoras de acciones y si esto no resultara adecuado, mediante acuerdos o pactos de accionistas. Con el paso del tiempo, en dos o tres generaciones, dependiendo del ritmo de crecimiento del grupo y del número de miembros de la familia se llegará a una estructuración de las sociedades y de la propiedad como la que se intenta indicar con la siguiente figura:

H1: Holding de sociedades del grupo familiar.

E2: Empresa de segundo nivel propiedad total del H1, o participada en mayoría o en minoría por el H1.

H2: Holding de segundo nivel propiedad total del H1, o participada en mayoría o en minoría por el H1.

E3-1: Empresa de tercer nivel propiedad total del H2, o participada en mayoría o en minoría por el H2.

Etc.

T1: Tenedora de acciones y participaciones propietaria del H1, con frecuencia propiedad de miembros de la primera generación. En ocasiones, es sustituida por las tenedoras de acciones segundo nivel que son las propietarias del H1.

T2: Tenedoras de segundo nivel propiedad de cada una de las tres ramas familiares de segunda generación. En ocasiones, estas tenedoras son sustituidas por personas físicas de la familia. También, en ocasiones, entre las tenedoras y las personas propietarias, como conjunto total o conjunto, parciales, se dan pactos de accionistas.

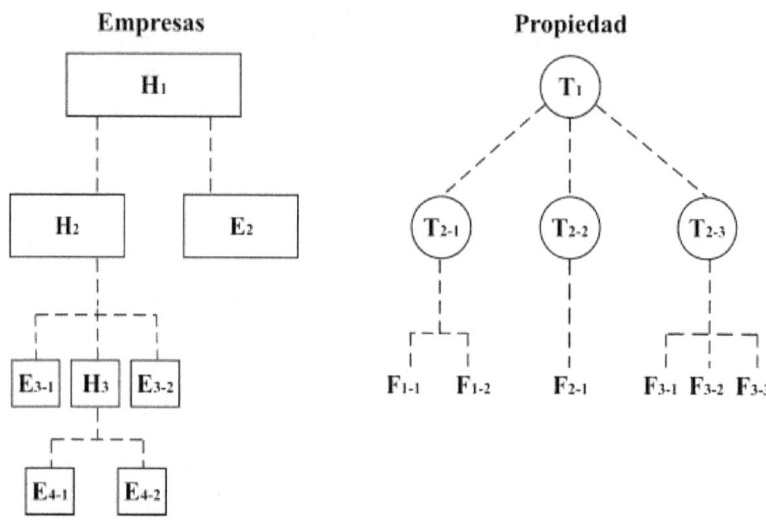

Fig.-4 Doble estructura, la empresarial y la familiar.

F1-1: Miembro de la familia propietario directo de la tenedora T2-1.

Caben pocas dudas de que, la complejidad del grupo empresa familiar representada en la anterior figura es elevada, pero tampoco caben dudas de que, con un similar crecimiento de las actividades de la empresa y del número de estirpes familiares y miembros de la familia, la complejidad habría sido superior si se hubiera permitido que empresas y participaciones en sus capitales surgiera de modo espontáneo. Los derechos políticos para ejercer el poder en tercera generación estarían más disgregados, y existiría un mayor número de órganos de gobierno en el grupo, por lo que sería grande la necesidad de integrarlos para que el conjunto resultara un grupo suficientemente armónico.

Frente a esta complejidad[18], que es en buena parte previsible

---

18 Conviene no perder de vista que a la complejidad organizativa más arriba descrita, con frecuencia, se añade la complejidad que resulta de implantar esfuerzos por conseguir el mejor trato fiscal.

para quienes gobiernan y diseñan el futuro del grupo, sino para otros miembros de la familia, es natural que, más pronto o más tarde, surjan cuestiones como las siguientes:

- "Podar el árbol"

  ¿Es preferible podar el árbol de la propiedad, de manera que su estructura resulte más sencilla? ¿En qué generación llevar a cabo dicha poda?

Esta manera de comportarse, "podar el árbol", ha sido seguida durante muchos años por un número importante de empresas, de manera especial cuando la familia alcanza pronto un tamaño grande y la empresa continua siendo de tamaño pequeño; y son bien conocidas las consecuencias que tiene al incrementar las dificultades para continuar unidos los miembros de la familia como familia, así como su influencia en el menor desarrollo de la empresa por el drenaje de los recursos económicos que salen de ella y se destinan a compensar patrimonialmente a los herederos que no serán propietarios de la empresa. Pero, al mismo tiempo también son conocidas las ventajas que ofrece para disminuir complejidades.

Por otra parte, frente a los aspectos negativos recién indicados de "podar el árbol", hay que tener en cuenta que una poda exclusivamente orientada a conseguir una empresa que se pueda asemejar por su tamaño, su rareza y su antigüedad a un "bonsái"; es muy distinta a cortar ramas secas o enfermas de la empresa, es decir, a podar para cambiar las estructuras, para ejercer el poder prudentemente en la empresa y desarrollarla como un "árbol frondoso".

Podar el árbol hoy es preferible a hacerse mucho daño en la familia el día de mañana. Pero, para predecir y valorar este daño futuro hace falta un acertado ejercicio de la prudencia y de la justicia. Podar el árbol será conveniente si con ello se conserva la unidad, cuando se haya perdido la confianza, y cuando la convivencia sea algo imposible de alcanzar.

- "Núcleo duro"

¿Sería más ventajoso, siempre que resulte posible, llevar la empresa al mercado de capitales, con posterioridad a haber blindado en la familia una mayoría de poder político, un núcleo duro de capital, suficiente para gobernar o influir intensamente en el gobierno grupo?

En la medida que la empresa, por su potencial de rentabilidad y crecimiento, y por las cualidades de las personas que la gobiernan resulte atractiva para inversores que toman minorías, esta forma de actuar favorece la libertad de los miembros de la familia para vender aquella propiedad que no forme parte del núcleo duro y, también, aumenta las posibilidades de que la empresa capte capitales externos.

- "Oficina de familia"

En determinados casos, especialmente cuando todos o la mayoría de los miembros de la familia desean continuar unidos patrimonialmente y el grupo empresarial está formado por buenos activos y negocios, puede ser una acertada evolución la de llevar a término los dos procesos siguientes a lo largo de un similar periodo de tiempo. El proceso de desarrollar lo que se ha dado en llamar una "Oficina de familia", que se responsabiliza de administrar el patrimonio común procedente de las empresas; y el proceso de ir vendiendo las empresas y algunos activos del grupo, aproximándose paulatinamente a la situación en la que todo el patrimonio común se ha situado en dicha Oficina de familia, conducida por especialistas en inversiones y que tiene establecidas reglas claras sobre la distribución de beneficios, y la venta y amortización de participaciones.[19]

- "Separaciones patrimoniales"

¿Sería preferible implantar una separación patrimonial y empresarial del grupo en sus diferentes ramas familiares?

La separación patrimonial consiste, en términos generales, en asignar la propiedad de distintas empresas a diferentes ramas de la familia, de manera que cada rama o algunas ramas de la familia posean la totalidad o, al menos la mayoría, de un grupo de las actividades empresariales, y las otras ramas tengan la propiedad total o mayoritaria de otros grupos de actividades.

La separación patrimonial favorece que las ramas, y en algunos casos los miembros de la familia puedan seguir su propio camino, por eliminar o al menos disminuir las rivalidades entre hermanos si la separación se hace en segunda generación, o entre primos si se lleva a cabo en tercera generación.

---

[19] La evolución que aquí se está indicando es ciertamente muy difícil pues requiere una precisa concepción de la Oficina de familia que es diferente de la que, a veces, se encuentra en la vida real.
En efecto, es posible encontrar Oficinas de familia que se estructuran para dar trabajo a algún miembro de la familia y que, además, piense que tiene "poder" porque asiste a reuniones y seminarios como "representante" de la familia.
Por otra parte, la evolución que se ha indicado es opuesta a que se den distintas estructuras de derechos políticos en la empresa familiar y en la oficina de familia, pues cuando las estructuras son distintas, además de añadir complejidad, tarde o temprano aparecerán conflictos de intereses.

En algunas circunstancias, la separación patrimonial abre posibilidades a que los nuevos grupos de empresas alcancen un mejor desarrollo al haber simplificado su gobierno, y al poder dedicarse las personas de la familia con mejores cualidades a su conducción, así como a tener que dedicar menos tiempo a las rivalidades que se empezaban a vivir. La separación patrimonial también abre posibilidades a que un mayor número de personas de la familia puedan actuar como miembros de consejos de administración y como accionistas. Pero, también la separación patrimonial puede restar recursos económicos para el crecimiento, y dar lugar a debilidades en la organización por pérdidas de ventajas que acostumbran a tener su origen en un mayor tamaño y en una mayor diversificación.

Tomar la decisión de una separación patrimonial cuando los patrimonios están desordenados y la convivencia entre las personas se está erosionando puede ser una difícil pero necesaria decisión, salvo que llegue a ser posible y ventajosa la venta total o casi total de la empresa familiar.

En la implementación de cualquier de las alternativas calificadas como "evoluciones patrimoniales" en este apartado quinto, como en cualquier otra alternativa que ayude a simplificar o a frenar el crecimiento de la complejidad, aunque sólo se trate de frenarla de manera parcial y temporal, es necesario tomar decisiones difíciles para que las cosas ocurran.

Estas decisiones tienen que ser tomadas por alguien, personas u órganos de gobierno que realmente puedan cambiar el rumbo de la empresa familiar. Buena parte de las veces la decisión se tomará por la unión de personas singulares por su *potestas* con personas singulares por la incidencia de su *auctoritas* en el órgano de gobierno. Pero si estas decisiones no se toman y no se implantan, continuará y se incrementará la complejidad y, más importante, los miembros más capaces de las siguientes generaciones tendrán dificultades para prepararse bien, y es muy posible que dejen de estar interesados en incorporarse al grupo.

Dada la complejidad de este tipo de decisiones y su especial influencia económica y sobre todo emocional, es natural que muchos predecesores propietarios de derechos políticos se resistan a entrar con ánimo eficaz en el proceso de tomarlas. Por ello, es frecuente encontrar comportamientos que manifiestan actitudes del tipo de "he dado mi vida por la empresa, la he conducido exitosamente hasta aquí, y ahora me pedís que desmonte lo que he sido capaz de montar. Además, me pedís que abandone parte importante del poder que con mi esfuerzo he ganado merecidamente". Si los predecesores no han adquirido hábitos para compartir el poder, y si no han pensado suficientemente en cómo hacer una transmisión responsable del mismo, si no se han preocupado por implantar medios que les proporcionen una tranquilidad económica personal frente al futuro, y si además el proceso de sucesión se presenta complicado, esta misma complejidad les conduce de la mano a no salir de la trampa de retrasar la sucesión, haciendo que la situación y sus soluciones sean cada vez más complejas.

Notas finales.

En la mayoría de las empresas familiares, el incremento de su complejidad es connatural con el crecimiento y evolución de la empresa y de la familia (Gallo y Gómez, 2005, p.25 a 30). Este hecho ha podido ser constatado con claridad en la práctica totalidad de las situaciones analizadas en los apartados precedentes.

En algunas de ellas, las personas responsables del gobierno

de la empresa y de la familia no han tenido los conocimientos necesarios para resolver la complejidad, en otros no han querido hacerlo prefiriendo dejar las soluciones de los problemas a la siguiente generación, en otras les ha faltado la necesaria fortaleza para encontrar soluciones e implantarlas, y en otras, verdaderamente patológicas, han intentado aprovechar con astucia la complejidad situación para conseguir ganancias particulares.

Las situaciones a las que el párrafo anterior hace referencia, son las que han sido calificadas anteriormente como "de un padre empresario, a un hijo ingeniero, y a un nieto poeta", "un negocio maduro, imposible de revitalizar, y que se debe enterrar", "la triple coincidencia", "conservar el poder: la empresa en piloto automático", "la empresa como juguete", "después de mí el diluvio", "reinar después de muerto", "la crisis estructural", "el retraso de la sucesión" y, finalmente, "la violencia".

En otras situaciones, que son ciertamente positivas en comparación con las anteriores, las personas responsables del gobierno han identificado e implantado modos de disminuir la complejidad o, al menos de conseguir que ésta no crezca hasta un nivel que resulte difícil de tratar, llevando a cabo mutaciones de su empresa inicial hacia otro tipo de empresa también familiar, pero con una estructuración de la propiedad de la familia y de las actividades de negocio que la hace ser muy distinta de la empresa que inicialmente se quiso y se intentó ser. Entre estas situaciones están las calificadas anteriormente como "podar el árbol", "núcleo duro", "oficina de familia" y "separaciones patrimoniales".

Finalmente, existen otras situaciones en las que se logra la continuidad de la empresa familiar inicial gracias a una continuada y progresiva profesionalización de su gobierno y dirección y, al mismo tiempo, gracias a que la familia sabe y quiere convivir en unidad. Estas empresas son, como se indicó en la introducción del libro, un porcentaje pequeño y, aunque se tienda a pensar en lo contrario, se conoce muy poco de cómo han conseguido su éxito. Pues, con frecuencia, las razones del mismo no son fáciles de observar desde el exterior, no se ha conservado memoria histórica de lo que hicieron las generaciones precedentes y los protagonistas actuales guardan discreción.

En la segunda parte del libro, se estudiarán diversas condiciones para lograr, mantener e incrementar la unidad de los miembros de la familia entre sí y con su empresa.

La intención de la tercera parte es facilitar un diagnóstico que ayude a conocer las posibilidades de continuidad que tiene la empresa o, en caso de que ésta resulte muy difícil, ayude a identificar las formas de salir de la situación.

En la cuarta parte se estudiará la convivencia intergeneracional en la empresa familiar. Es decir, los modos de lograr cohesión entre los miembros de la familia. Pues aunque en la empresa se logre adaptabilidad al entorno, si en la familia no se logra cohesión (de Geus, 1997, p.9), si los miembros de la familia no saben convivir de manera activa y sincera, sin malicia, no se darán las condiciones necesarias para la continuidad exitosa de la empresa.

SEGUNDA PARTE

COMPLEJIDAD Y UNIDAD

Introducción.

En las páginas anteriores se han descrito varios "tipos de carácter" que alcanzan algunas empresas familiares, por la repetición de sus comportamientos a lo largo de períodos prolongados de tiempo. Mientras que una parte importante de estos comportamientos conduce a hacer difícil, incluso imposible, la continuidad de la empresa familiar, otros modos de comportarse las conduce a avanzar como empresas multigeneracionales exitosas.

Al ser la unidad, de los miembros de la familia entre sí y con su empresa, la fortaleza básica en la que apoyarse para lograr una supervivencia exitosa, es natural que en esta segunda parte se estudien condiciones para conseguir dicha unidad, conservarla e incrementarla.

Este estudio se va a llevar a cabo con la ayuda de varios modelos conceptuales para comprender mejor en qué consiste esta fortaleza básica, y qué otras condiciones son precisas en la empresa y en la familia para alcanzarla y mantenerla. A su vez, la aplicación de los modelos a las situaciones descritas en la primera parte permitirá identificar razones de la unidad y, también, causas de la desunión.

El natural incremento de la complejidad.

El incremento progresivo de la complejidad es connatural al desarrollo y evolución de toda empresa. Cuanto más crezca y cambie la empresa, mayor será su complejidad.

En el caso de las empresas familiares, el incremento de complejidad en la empresa está, habitualmente, acompañado por el desarrollo de una mayor complejidad en la familia propietaria, a medida que, con el paso del tiempo, surgen nuevas generaciones de miembros y se multiplican los tipos de relaciones entre ellos.

En razón de lo recién indicado, se podría pensar que no creciendo y no evolucionando se lograría evitar el incremento de la complejidad, pero este incremento de complejidad es necesario para seguir teniendo una vida exitosa. Pues en empresa, tanto familiar como no familiar, salvo raras excepciones, la que no evoluciona y no crece termina por morir, y habitualmente lo hace más bien pronto que tarde.

Es cierto que algunas empresas practicando el procedimiento de "podar el árbol" en sucesivas generaciones, han llegado a ser centenarias; sin tener grandes crecimientos; como también es cierto que cuando las familias son de pequeño tamaño, y sus negocios pueden operar en nichos de mercado en los que no son necesarios, cambios rápidos de las tecnologías ni grandes inversiones económicas, pueden sobrevivir a varias generaciones; pero, en términos relativos, son muy pocas las empresas familiares centenarias (de Greus, 1997, p.1).

¿Por qué esta necesidad de evolucionar y crecer? ¿Cuáles son las razones básicas? Entre estas razones se pueden distinguir varios tipos diferentes: razones debidas a la necesidad de competir con éxito en el mercado, razones cuyo origen está en la necesidad de mantener una organización fuerte, y razones debidas a las motivaciones de las personas que tienen la *potestas* en la empresa.

En primer lugar, hay que tener en cuenta que solamente se puede competir con éxito cuando se poseen ventajas competitivas, es decir, se tiene un "algo" en el negocio en que se opera que hace que los clientes lo prefieran frente a otras alternativas ofrecidas por los competidores. Pero como todos los negocios maduran, la mayoría de las ventajas competitivas terminan siendo efímeras, y la supervivencia de la empresa pasa por la revitalización estratégica del negocio, o por salir del negocio y entrar en otros distintos, más o menos relacionados con el anterior. Revitalizar negocios, salir de negocios maduros, entrar en nuevos negocios, conseguir que tengan ventajas competitivas, y repetir estos procesos tantas veces como sea necesario, es un quehacer difícil y complejo.

En segundo lugar, toda comunidad de personas, y la empresa familiar es una comunidad de personas, necesita para su continuidad, salvo en muy raras ocasiones, incorporar y mantener en su seno personas profesionalmente cualificadas, tanto de la familia como no de la familia, que hagan de su organización una organización fuerte. Para lograr la incorporación y permanencia de personas bien cualificadas, es necesario que las mismas se sientan atraídas por las finalidades y actividades de la empresa, y a toda persona normal le atrae la oportunidad de desarrollar sus potencialidades. Esta oportunidad raramente se encuentra en empresas que no cambian, no se desarrollan y no evolucionan.

En tercer lugar, no se puede olvidar que la empresa está gobernada y dirigida por personas y éstas tienen motivaciones. Como ya se indicó en la primera parte, las tres inclinaciones básicas de la persona son: "la tendencia al poder, la tendencia al reconocimiento y la tendencia al placer" (Alvira, 2005, p. 71), si la empresa familiar crece las personas que la gobiernan y la dirigen, así como las que se están preparando y en camino de hacerlo, lógicamente lograrán más poder, un mayor reconocimiento, y contarán con más recursos para satisfacer su tendencia a nuevos y mayores placeres.

En cuarto lugar, un motivo básico para hacer crecer y evolucionar la empresa familiar, se encuentra en el habitual deseo de toda persona, no solo de sacar adelante su familia, sino de asegurarla y mejorarla en todos los sentidos y, entre ellos, en el sentido económico[20].Dado que parte importante de esta seguridad y mejoría es proporcionada por la empresa, si la familia crece también debe crecer la empresa familiar y, por supuesto, no sólo en tamaño y rendimiento sino, principalmente, en su capacidad para competir con éxito, pues ésta es la garantía de llegar a incrementar el tamaño y el rendimiento.

Como se ha ido comentando, el crecimiento y evolución se logra imbricando diversos factores. Por una parte, cambiando los productos y servicios, llegando a más grupos de clientes, entrando en nuevos mercados, es decir, crecimiento y cambio por medio del desarrollo de nuevos negocios; por otra parte, el crecimiento resultante de revitalizar los negocios en los que ya se está, casi siempre acompañado por la salida de negocios que han madurado y dejan de ser rentables o dejan de existir; además, estas evoluciones citadas, dan lugar a

---

20 La familia....debe ser considerada protagonista esencial de la vida económica, orientada no tanto por la lógica del mercado, sino según la lógica del compartir y de la solidaridad entre generaciones. (Pontificio Consejo Justicia y Paz, 2005, p.42).

cambios en las actividades de la cadena de valor, con sus correspondiente inversiones y desinversiones en activos, de acuerdo con el modelo de integración vertical y horizontal necesario para hacer realidad las nuevas ventajas competitivas de la empresa.

Por otra parte, como ya se ha comentado anteriormente, para lograr cambios como los recién citados, es necesaria una coherencia entre la estrategia y la organización, lo cual, habitualmente, conduce a cambios en el tipo y número de personas que conforman la empresa; y estos cambios acostumbran a ser los más difíciles de hacer. Finalmente, como la empresa familiar es la conjunción de una empresa y de una familia protagonista, a los factores anteriores se añaden los que tienen su origen en las relaciones de parentesco y de propiedad entre los miembros de la familia, que tienden a complicarse con el paso del tiempo.

Lo opuesto a lo simple, lo contrario a lo sencillo, es aquello que se compone de un mayor número de elementos diferentes entre sí. En este sentido, se puede afirmar que el incremento de la complejidad, como opuesta a lo simple y sencillo, es connatural con el crecimiento y evolución de la empresa.

Así como también se puede concluir que el incremento de la complejidad, en igualdad de circunstancias, ocurrirá con mayor intensidad en la empresa familiar que en la no familiar.

Los diferentes factores, hasta ahora citados, que son causa del incremento de la complejidad, se intentan representar gráficamente en la siguiente figura como resultado de la conjunción de dos ejes de evoluciones. El eje "empresa" que hace referencia a dos tipos de evolución: la que es habitual en la estrategia de negocio (evolucionar de una estrategia mono negocio, a una estrategia de negocios relacionados y, de ésta una estrategia de múltiples negocios no relacionados), y el cambio también habitual de la organización para realizar la implantación de los negocios (de una organización funcional, a una organización divisional y, de ésta a una organización matricial). El eje "familia" hace referencia al desarrollo generacional, en cuanto al número de miembros de la familia y en cuanto a la distribución de los títulos de propiedad[21].

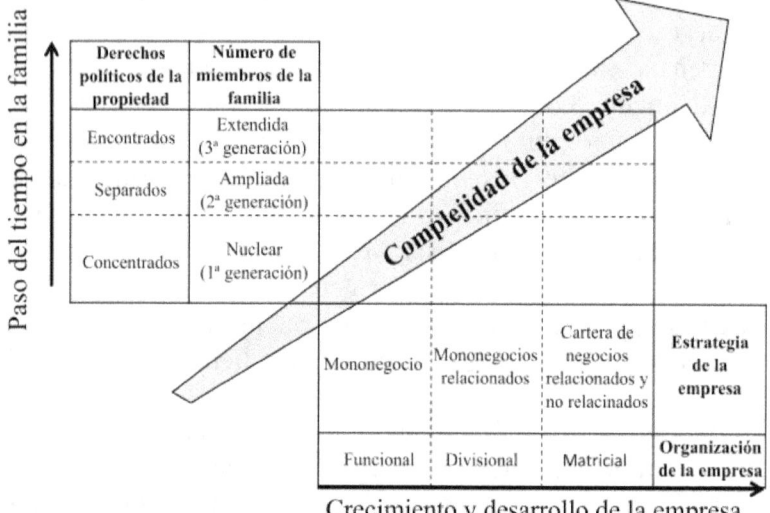

Fig.-5 Complejidad de la Empresa Familiar

Analizar la unidad.

La concepción de la empresa como "una comunidad de personas libres que se asocian para llevar a cabo una obra común, dentro de la cual trabajan, aportan recursos, se desarrollan en su humanidad y contribuyen eficazmente a la producción de bienes y servicios" (Echevarría, 2015, p.75), conduce a sostener que uno de los principales fines de la empresa es su propia continuidad. Así lo indica con claridad

---

21 En la distribución de los títulos de propiedad, se pueden seguir muchos caminos alternativos para conseguir que el capital no se disperse como, p. e., los anteriormente indicados con el nombre de "podar el árbol", las empresas tenedoras de acciones por ramas y la separación de derechos económicos y políticos.

Pérez López (2002, p.117) cuando afirma que "Dentro de una visión institucional de la empresa, si se tuviese que hablar de un objetivo básico se hablaría de la *conservación de aquellos recursos necesarios para la supervivencia de la propia empresa*".

Pero la supervivencia de una empresa familiar es continuidad de una institución en la que se da una complejidad creciente, con el peligro de la desunión de los diversos elementos que la componen, o separación de las partes de un todo, desunión que tarde o temprano, pero siempre, lleva a la corrupción del todo.

Como consecuencia, lo que conduzca a alcanzar y mantener su unidad dentro de un ambiente de libertad, ayudará a resolver la complejidad, y lo que conduzca a lograrla mediante la coacción, dará lugar a una falsa simplificación que no resolverá el fondo de la complejidad. Por ello será de gran utilidad disponer de modelos que ayuden a diagnosticar el estado de su unidad, modelos que ayuden a contestar preguntas como las siguientes: ¿qué nivel de unidad existe? ¿Cómo evolucionará y es previsible que continúe evolucionando? ¿Qué impide la existencia de un mayor nivel de unidad? ¿Cuáles serán las mejores prácticas para seguir, no solo para no perder la unidad, sino para incrementarla?

Construir, conservar e incrementar la unidad exige el consumo de "energía", la energía que se necesita para discernir sobre lo que se debe hacer, para saber enfocar las cosas, para descubrir cómo resolverlas, así como los pasos a dar. Energía que consiste, especialmente en el proceso de gobierno y dirección de la empresa, en el **compromiso** de tomar las decisiones de manera profesional; y energía que también consiste, en las relaciones de los miembros de la familia entre sí y con su empresa, en el **compromiso** de no caer en las trampas propias de la empresa familiar.

Para que una decisión pueda ser calificada como acto bueno y libre, quien la toma, además de hacerlo en el tiempo oportuno, lo debe hacer con suficiente **conocimiento** de la situación y de las consecuencias de su decisión, y con **libre voluntad** de elección.

UNIDAD EN EMPRESA FAMILIAR

```
La familia con              UNIDAD              Los miembros de la
su empresa familiar                             familia entre si

Decisiones adecuadas en    COMPROMISO           Decisiones para no caer
el proceso de dirección                         en las trampas de la
estratégica                                     empresa familiar

                           ACTOS
                           BUENOS DE
                           LIBERTAD
CONOCIMIENTO                                    VOLUNTAD
DE LA EMPRESA                                   DE ELECCION
Y LAS PERSONAS

                    Conocer      Amar más
                    mejor y amar y conocer
                    más          mejor

CONFIAR EN LAS                                  AMOR POR
PERSONAS Y EN LA                                EL PROYECTO
INFORMACION                                     DE EMPRESA
                                                DE LA FAMILIA
```

Fig.-6 El éxito en la Empresa Familiar, como una función del amor,

Tal y como se intenta expresar en el modelo representado en la figura anterior, para que quien tome la decisión alcance suficiente **conocimiento** sobre la situación de la empresa y de las personas de la familia, le es necesario **confiar** en los demás, así como en la información que recibe, y tener saberes de empresa y de familia. Por su parte, para tener la **voluntad** de elegir con libertad se precisa amar el proyecto de empresa y familia que, entre unos y otros, están intentando implantar.

La unidad en la empresa familiar de negocios al igual que en otras instituciones, tiene sus fundamentos radicales en el **amor** y en la **confianza**. En este sentido conviene no olvidar que es imposible amar lo que no se conoce, como también es imposible confiar en una persona sin conocerla, si no se tienen con ella un trato de amistad, de acuerdo con Séneca "lo propio de la amistad es la confianza" (citado por Sellés, 2013, p.130) y la "unidad de las personas entre sí es efecto de la amistad" (Sellés, 2013, p.154).

En la consecución del **compromiso** es importante comprender que la relación que se da entre conocer, confiar, amar y querer puede llegar a conformar una espiral de hábitos positivos como la siguiente: "El miembro de la familia al confiar más, conoce mejor la situación y, como consecuencia, ama más el proyecto, apoyando con mayor fuerza de voluntad una decisión profesional, lo cual le lleva a incrementar su confianza, etc."

Las personas de una familia de varios miembros, propietaria de una empresa familiar, toman decisiones sobre su empresa conviviendo y, al mismo tiempo, con sus decisiones ayudan a conformar y vivir su compromiso de **convivir**[22]. Hacer realidad este compromiso de convivir, en una institución en la que se unen dos organizaciones, la familia y la empresa, con finalidades distintas, pero en cuya consecución ambas pueden colaborar eficazmente, no es tarea sencilla. Toda persona que convive tiene que esforzarse para convivir, poniendo un esfuerzo que está en directa relación con el nivel de *potestas* y de *auctoritas* que posee en la familia y en la empresa. Es decir, y dicho con claridad, cuanto mayor es el

---

[22] La problemática de la convivencia multigeneracional será desarrollada con mayor amplitud en la parte cuarta del libro.

nivel de *potestas* y el de *auctoritas* que se posee, mayor es el esfuerzo para convivir que se tiene la responsabilidad de poner.

Este esfuerzo, se orienta a hacer posible la existencia de **espacios** y **tiempos** en la empresa y en la familia para que las personas puedan mantener frecuentes diálogos. Sin olvidar por otra parte como indica Alvira (2004, p.34) que los espacios y tiempos han de ser "amables" y "armónicos":

Estos diálogos, que son necesarios para conducir profesionalmente el proceso de gobierno y dirección de la empresa y para las acertadas relaciones de los miembros de la familia, han de tener en la **veracidad** la base de la comunicación, pues la convivencia es amistad y no cabe amistad sin verdad. "La verdad vincula lo social, la mentira desune (Selles, 2013, p.38).

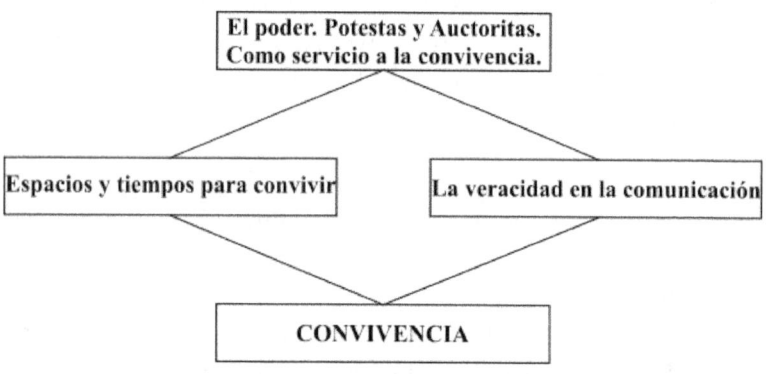

Fig.-7 *Convivencia en la organización.*

Como se ha indicado repetidamente, el compromiso es la energía que origina, mantiene y desarrolla la unidad en la empresa familiar. Pero, para garantizar su continuidad, no es suficiente con el compromiso de quienes tienen *potestas* y *auctoritas*, es necesario el compromiso de la práctica totalidad de las personas de la familia y de la empresa.

El compromiso de todos los miembros de la familia y de la empresa para lograr la unidad, tal y como se indica en el siguiente esquema conceptual, se apoya en tres dimensiones importantes:

- La dimensión de la **profesionalidad** con la que cada persona debe actuar en una empresa de negocios que, para garantizar su continuidad, ha de competir con éxito en el mercado.

- La dimensión de la **confianza** en las intenciones y capacidades de las demás.

- La dimensión del **orden** en la formulación y desarrollo de los elementos que conforman el tejido contractual de la empresa y de las relaciones con la familia.

COMPLEJIDAD DE LA EMPRESA FAMILIAR (I)

```
┌─────────┐         UNIDAD        ┌──────────────────────┐
│ Familia │◄─────────────────────►│ Empresa familiar     │
│         │                       │ ┌──────────────────┐ │
└─────────┘                       │ │ Gobierno         │ │
     ▲                            │ │ Dirección        │ │
     │                            │ │ Ejecución y      │ │
     │                            │ │ operación        │ │
     ▼                            │ └──────────────────┘ │
┌──────────┐    CONTRATOS         └──────────────────────┘
│CONFIANZA │   COMPROMISOS                  ▲
│          │◄─┬──────────┬──────────┐       │
└──────────┘  │ Estatutos│ Acuerdos │───────►┌──────────────┐
              │          │ entre    │        │Profesionalidad│
              │          │propietarios       └──────────────┘
              ├──────────┴──────────┤
              │ Acuerdos parasociales│
              │ "Pacto de Familia"   │
              ├──────────┬──────────┤
              │Capitulac.│Testamentos│
              │matrimon. │Donaciones │
              ├──────────┴──────────┤
              │ Otros...            │
              └─────────────────────┘
                        ▲
                        │
                      ORDEN
```

Fig.-8 Evolución y desarrollo de la empresa y de la familia.

De estas tres dimensiones, dos: la **profesionalidad** y la **confianza**, han sido comentadas al presentar los modelos conceptuales anteriores. La tercera, el **orden** en los contratos, orden en cada uno de ellos y en su conjunto, con frecuencia, no es atendida en las empresas familiares con el rigor que su influencia en la unidad requiere. En efecto, este orden es imprescindible para el desarrollo de la empresa pues los contratos y compromisos, como "obligaciones entre partes sobre materias determinadas", deben estar bien formulados, con las adecuadas relaciones de prioridad y de complementariedad entre ellos, siendo además plenamente necesario que sean lealmente cumplidos. Caso contrario, se hará muy difícil mantener la confianza entre las personas, aparecerán trabas que entorpecerán su actuación profesional y, en vez de servir para simplificar, los contratos y compromisos serán otra causa coadyuvante al incremento de la complejidad.

Al tratar del orden en los contratos en una empresa familiar, es conveniente recordar que no solo son influyentes los contratos entre los propietarios del capital, básicamente los estatutos y los pactos entre socios, sino que también tienen importante influencia otros contratos como los testamentos y las capitulaciones matrimoniales, cuando las participaciones en el capital a las que los mismos se aplican son significativas, y algo similar también ocurre con los pactos de familia.

Todo contrato tiene una causa que lo origina y un objeto o finalidad, manifiesta el consentimiento de las partes, la forma de gobierno elegida para garantizar su cumplimento, y la correspondiente sanción por incumplimiento que, en ocasiones, consiste en una penalización económica o, en otras ocasiones, por ser más bien compromisos de naturaleza moral, consiste en la "separación" del grupo de la persona que lo incumple. La ruptura de los contratos y compromisos y la aplicación de estas sanciones rompen la confianza o la daña de manera importante y con ello la unidad de las personas, y cuando se pierde la confianza esta resulta muy difícil o imposible de reestablecer. "Dado que la confianza es un fenómeno fundamentalmente personal, se impone la suposición de que solo podrá ser restablecida por individuos sobresalientes". "La confianza destruida (en la vida corporativa) sólo podrá restituirse muy lentamente" (Spaeman, 2005).

A pesar de la importancia que los contratos tienen para el desarrollo de la empresa, para la unidad y la confianza, es frecuente encontrarse con propietarios que no han leído o no han comprendido los estatutos; con socios que desconocen o han olvidado los pactos que tienen establecidos con otros socios; con familiares que ignoran el contenido del protocolo familiar; con padres que no han estado o no han comentado su testamento a los herederos, con herederos que piensan que pueden hacer lo que quieran con las participaciones heredadas, sin comprender que las participaciones heredadas están condicionadas por los estatutos y pactos; con cónyuges con capitulaciones que son contrarias a lo previamente acordado en la empresa y cuyas consecuencias no conocen bien. Por otra parte, también es frecuente que algunos de los elementos del núcleo contractual de la empresa estén anticuados, o no se complementen bien con otros que fueron redactados en momentos anteriores del tiempo.

Lo hasta ahora indicado en relación con el **orden** es oportuno complementando con lo manifestado por Lorda (2015, p.63): "Ninguna ley sustituye la buena voluntad de los que la tienen que cumplir...además de la letra de la ley hay que cuidar la información y la motivación... la mejor motivación es que los ciudadanos amen las leyes porque las consideran buenas y eficaces; y porque entienden su importante papel en el orden de la convivencia humana".

Al analizar los tres modelos anteriores, "Unidad en empresa familiar", "Convivencia en la empresa", y "Complejidad en la empresa familiar", se ha podido ver la influencia que en el logro de la unidad tiene la manera de ejercer el poder por parte de las personas. Dado que en la empresa el poder más pleno es el poder para ejercer su gobierno y dirección general, las decisiones a tomar en este proceso de gobierno y dirección general estarán entre las decisiones más influyentes en la consecución de compromisos que son el origen de la energía para lograr, conservar e incrementar la unidad.

Las personas con *potestas* y *auctoritas,* como toda persona, además de entendimiento y voluntad, poseen sentimientos (Zubirí, 1985, p.124), y éstos tienen una clara e importante influencia en la toma de decisiones. Dichos sentimientos son habitualmente designados como "preferencias personales" (Gallo, 2016, p.67-105), cuando se trata del ejercicio del poder en la empresa.

A la indudable realidad de que tanto el entendimiento como la voluntad de las personas que gobiernan y dirigen la empresa son "limitados", hay que añadir la tampoco indudable y complementaria realidad de que son entendimiento y voluntad "sesgados" por la influencia que tienen en ambos las preferencias personales. De aquí que, para superar sus límites y sesgos, resulte conveniente que quienes ejercen el poder moderen voluntariamente su ejercicio mediante la colegiación de decisiones. Es decir, que la empresa sea gobernada de forma colegial.

- Para colegiar bien las decisiones es preciso la existencia de un "colegio", o grupo de profesionales formado por personas capaces que poseen la misma dignidad y que deben lealtad profesional a su institución (McClay, 2008, p.90)[23], y de una actuación colegial conforme con los siguientes puntos:

- Escuchar las opiniones de otras personas, de similar dignidad, pero con diferentes experiencias, conocimientos y formas de ver las cosas. Y no cualquier forma de escuchar, sino aquella que se fundamenta en la intención de entender lo que se oye.

- Manifestar con sinceridad la propia opinión, de manera que los demás la puedan entender, aportando lo mejor de los propios conocimientos y experiencias.

- Tener verdadera disposición a cambiar la propia opinión, cuando resulte conveniente. "Solo escucha quien está dispuesto a cambiar, quien está dispuesto a rectificar" (Nubiola, 2014, p.32).

---

23 En empresa familiar, con frecuencia, este colegio es su consejo de administración o una figura similar.

- No recurrir más de lo necesario al pasado, ni retener los asuntos sin darles salida. "El ser humano es un ser futurizo, presente pero proyectado en el futuro" (Marías, 1970, p.23) y "la vida humana opera esencialmente en la anticipación del futuro" (Marías, 1970, p.50).

- Apoyar el proceso de implantación de la decisión colegiada, aunque no sea aquella que se pensaba tomar antes de la colegiación.

La colegiación de decisiones en empresa familiar es poco frecuente, y la experiencia hace además ver que colegiar es difícil. Así se ha podido comprobar en buena parte de las diferentes situaciones que se analizaron en la primera parte de este libro. Mantener la voluntad eficaz de colegiar las decisiones es señal de prudencia, virtud del buen gobernante, de quien ostenta la *potestas* en la empresa, pues colegiar conlleva a conseguir la unidad, la confianza y a hacer realidad una buena convivencia[524].

En el proceso de convivencia intergeneracional de la empresa familiar, que es habitualmente prolongado en el tiempo y complicado por la naturaleza de los problemas que en él aparecen, entre los que siempre están presentes los problemas de la sucesión en la *potestas* así como del logro de *auctoritas*, aunque se haya conseguido justicia en la implantación de espacios y tiempos para la convivencia, y la veracidad sea norma en la comunicación, es casi seguro que surgirán conflictos graves entre distintos miembros de la familia, pero conflictos al fin y al cabo. La experiencia en la colegiación de decisiones resultará clave para dar cauce al **ánimo** de abrir estos conflictos de forma prudente pero valerosa, y

---

24 El esfuerzo por colegiar es preferible a acudir innecesariamente a la votación. "Se votan aquellos asuntos en los que no resulta posible llegar al entendimiento racional o en los que no merece la pena invertir más tiempo en su estudio y deliberación" (Nubiola, 2014, p. 03).

encontrarles solución, alejándose de la poco aconsejable práctica de mantenerlos en hibernación a la espera de que se resuelvan solos o de que dejen de dar señales de existencia.

Razones profundas de unidad.

En las páginas anteriores, al estudiar el "incremento natural de la complejidad", se ha identificado el siguiente conjunto de condiciones que ayudan a conseguir la unidad en la empresa familiar:

- El compromiso de todos para actuar con profesionalidad en el desempeño de las responsabilidades que corresponden al puesto de trabajo que ocupan en la institución.
- La confianza en las capacidades e intenciones de los demás.
- La amistad.
- El orden en los fundamentos contractuales.
- El conocimiento del proyecto que se quiere implantar. El amor por el proyecto.
- Poner la *potestas* y *auctoritas* al servicio de la convivencia.
- Establecer espacios y tiempos frecuentes para la convivencia.
- La veracidad en la comunicación.
- El ánimo para abrir los conflictos.

Como es fácil comprobar estas condiciones, u otras muy similares, también resultan adecuadas para conseguir la unidad en organizaciones que no son empresas familiares. En los siguientes párrafos se intenta encontrar caminos para avanzar en la identificación de condiciones más profundas y propias de la unidad en la empresa familiar.

Razones profundas para iniciar, desarrollar y continuar la unión en una empresa familiar es natural que se encuentren en el ámbito de las características esenciales propias de la naturaleza humana. Características como la libertad de la persona para emprender sola o con otros; como la capacidad de tomar iniciativas para anticiparse a los acontecimientos[25] ; cualidades de la persona como la de haber sido creada para la "coexistencia", y estar abierta en su intimidad a otras personas (Sellés, 2013, p.62), siendo la familia la institución en la que se empieza a coexistir; y características como las motivaciones básicas para la acción.

Toda persona para actuar parte de unas tendencias[26] o energías impulsoras que, en conjunción con el esfuerzo de su inteligencia y de su voluntad[27], dan lugar a las motivaciones para actuar. En la identificación de estas motivaciones para la acción en la empresa familiar, es de gran utilidad el modelo conceptual de Pérez López (1991, pp.141-157) que clasifica los motivos para actuar en tres grupos:

- Los motivos **extrínsecos** originados por necesidades personales que se satisfacen desde fuera de la persona, como son el hambre, el poder o el prestigio social.

- Los motivos **intrínsecos** originados por necesidades

---

[25] "La Empresa Familiar" ha sido, es y será, algo siempre válido mientras haya libertad entre los hombres, porque ligada a esta libertad está la existencia de la familia, y el hecho de que la familia emprenda, en grupo, actividades de distinta naturaleza, entre ellas la empresa de negocios.. Porque es muy natural que la familia, grupo estrechamente unido, decida realizar en grupo una de las actividades que como personas han de tener sus miembros: el trabajo. Grupo, en esta ocasión, distinto del familiar, la empresa (Valero en Arquer, 1979, prólogo, p. 11).
[26] Las tendencias no son facultades o potencias operativas, "son las *direcciones* del ser humano hacia determinados bienes" (Rodríguez Luño y Bellocq, 2014, p.143).
[27] (Voluntad) "instancia superior a las tendencias cuya función es *dirigir el tráfico* de las tendencias (Rodríguez Luño y Bellocq, 2014, p.143).

cognitivas, o necesidades de hacer cosas.

- Los motivos **trascendentes** originados por las necesidades de lograr relaciones adecuadas con otras personas.

El resultado de las evaluaciones hechas por el entendimiento, a partir de los motivos recién citados, es una única motivación que Pérez López designa con el nombre de **motivación racional** y que él define como el "reconocimiento abstracto de la conveniencia de realizar una acción".

En unión con la **motivación racional**, la persona humana también se encuentra impulsada por la motivación que Pérez López califica como **motivación espontánea** basada, por una parte, en los recuerdos de percepciones y satisfacciones anteriores y, por otra parte, en la evaluación de la eficacia que tendrá su plan de acción para conseguir las satisfacciones que pretende alcanzar. La motivación resultante de la unión de la **racional** y de la **espontánea** es la **motivación actual**.

De una manera gráfica lo indicado en los párrafos anteriores se puede representar según la siguiente figura:

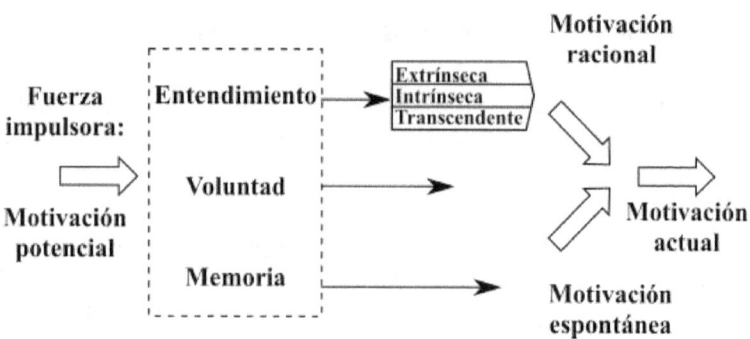

Fig.-9 *Arquitectura motivacional.*

Es decir, las energías impulsoras iniciales incitan la acción del hombre libre a través de dos caminos, el camino de la motivación racional y el camino de la motivación espontánea, y con la intervención de la voluntad, origen último para que la motivación espontánea sea controlada por la influencia de la motivación racional, da lugar finalmente a la motivación que Pérez López denomina **motivación actual**, y que define como "el impulso hacia la realización de una acción concreta".

La persona partiendo de sus cualidades innatas, su temperamento, construye la arquitectura motivacional que posee en cada momento y que está formada por los motivos extrínsecos, intrínsecos y trascendentes. Con las acciones que lleva a cabo y con los aprendizajes que de ellas obtiene, la persona enriquece o empobrece, ennoblece o envilece, sus motivos. Así ocurre, por ejemplo, con los motivos extrínsecos cuando gracias al estudio, la persona desarrolla necesidades nuevas como la de escuchar buena música, o cuando por culpa del abandono deja de sentir necesidades como la de asearse. Lo mismo se da con los motivos intrínsecos cuando, por ejemplo, hace más intenso su deseo de buscar la verdad o, por el contrario, su creciente terquedad le conduce a empeñarse, sin razón, en hacer las cosas siempre de la misma y casi única manera, como con frecuencia se observa en las últimas épocas de las empresas familiares en primera generación. Y también ocurre con los motivos trascendentes cuando, por ejemplo, la persona incrementa su ánimo para ayudar a personas necesitadas de edad avanzada o, por el contrario, al crecer su egoísmo disminuye en él la comprensión y apertura hacia los problemas de los demás.

Cada fundador[28] de empresa familiar tiene sus propias motivaciones, motivaciones que van cambiando según las circunstancias que se le presentan y según los aprendizajes positivos o negativos, que surgen de la forma como él las vive. Es en estas motivaciones donde radicarán las razones más profundas de unidad, y también las causas de desunión.

Al aplicar el modelo conceptual recién comentado a varias de las situaciones descritas en la primera parte del libro, se identifica con facilidad la naturaleza de las motivaciones subyacentes.

Cuando en la arquitectura motivacional de un fundador el protagonismo principal y más permanente lo tienen sus motivaciones extrínsecas, la empresa familiar que construye corre el riesgo de transformarse en "su juguete" (p. 31), y el proceso de su sucesión tenderá a acercarse al tipo de sucesión que fue calificado como "después de mí el diluvio" (p. 34).

Cuando en esta arquitectura motivacional el protagonismo lo tienen las motivaciones intrínsecas, la empresa será, además de su juguete personal, su "reino", y el proceso de su sucesión se acercará al que fue calificado como "reinar después de muerto" (p. 35).

En la secuencia de tres generaciones que se identificó como

---

[28] Es sencillo comprender que lo que aquí se está diciendo del fundador, se aplica de manera similar a personas de otras generaciones que tienen toda la potestas o un muy elevado grado de ella.

"de abuelo empresario, a hijo ingeniero y a nieto poeta" (p. 21), el esfuerzo del empresario por entregar una empresa con futuro brillante a su hijo, el trabajo de éste y el poco interés del nieto, es posible que refleje la evolución de unas motivaciones trascendentes en primera generación, a unas motivaciones intrínsecas en la segunda y a motivaciones extrínsecas en la tercera. Si la evolución responde a la secuencia que se identificó como "un negocio maduro, imposible de revitalizar, y que se debe enterrar" (p. 22), más bien parece que el fundador acaba su vida activa movido principalmente por motivaciones extrínsecas, y el hijo y el nieto ponen en operación sin éxito un importante grupo de motivaciones trascendentes.

Las situaciones calificadas como "triple coincidencia" (p. 26), "Conservar el poder: piloto automático" (p. 28) y "crisis estructurales" (p. 38), tienen mucho de arquitecturas motivacionales que, debido a sus importantes componentes de motivaciones extrínsecas e intrínsecas, no dejan paso al desarrollo de motivaciones trascendentes. En ellas el poder, "príncipe de los instintos", es ejercido para alcanzar las demás "inclinaciones de la naturaleza humana; la tendencia al reconocimiento y la tendencia al placer", olvidando o, al menos, postergando la prioridad que tiene el acertado cumplimiento de la función social de la empresa sobre los bienes particulares de quienes detentan el poder y, con ello, la supremacía del bien común sobre el bien particular.

En las situaciones que fueron calificadas como "evoluciones patrimoniales" (p. 45), es en las que se acostumbran a encontrar arquitecturas motivacionales con un importante peso de las motivaciones trascendentes. Al analizar estas situaciones es frecuente descubrir a miembros de la familia que resultan ser "perdedores" con el cambio. Personas que a la hora de tomar decisiones críticas para lograr la evolución patrimonial han puesto el bien común por delante de su bien particular, y que su colaboración unida a su "pérdida", es la que en el fondo ha hecho posible encontrar la salida a la situación de crisis de unidad.

De modo parecido al juicio habitual de echar la culpa de la desaparición de la empresa al "nieto", sin saber o querer considerar que fue éste quien más tuvo que poner en ejercicio sus motivaciones trascendentes para disminuir el daño que se iba a hacer a los demás, ocurre con la habitual calificación negativa que algunas personas poco conocedoras de la realidad dan a las "evoluciones patrimoniales", emitiendo juicios no del todo acertados como "estas familias no ha sido capaces de seguir unidas por culpa de su egoísmo", o "en segunda generación la empresa era un gallinero con demasiados gallos". Al así juzgar, muestran su desconocimiento de que, más frecuentemente de lo que se piensa, la separación patrimonial representa la mejor salida posible para la reconstrucción, parcial quizás, pero reconstrucción de algo que por falta de cualidades o por un incremento acelerado de la complejidad no pudieron seguir desarrollando las anteriores generaciones, y que gracias a las motivaciones trascendentes de quienes, por separar los patrimonios están siendo mal juzgados, se consigue hacer menor daño al bien común al posibilitar la vida de varias empresas.

En la medida en que lo comentado en los tres párrafos anteriores corresponde a parte de la realidad, es conveniente esforzarse en cambiar la imagen negativa con la que tantas veces es percibida la "separación patrimonial" por la sociedad. Pues, en efecto, esta separación no debe ser mayormente vista como un fracaso, sino como la mutación natural de una unión que resulta imposible o muy difícil continuar y que, si no es resuelta, conducirá a una desunión cuyos daños pueden ser irreparables.

En segunda y tercera generación, dependiendo del número de miembros de la familia, y de las cualidades e intereses de cada quien, pueden darse casos en los que cada persona o rama familiar tiene sus propias motivaciones sobre la empresa como patrimonio compartido. En estas situaciones la razón hace ver la conveniencia de no caer en la desunión de las familias, pues lo que de verdad importa es la continuidad de las familias empresarias, tal y como indican Fernández y Lluch (2015, p.437 a 449) en las conclusiones de su trabajo al afirmar "Las familias empresarias saben *recombinar* recursos a lo largo del tiempo", "importa poco que desaparezcan la empresa familiares, lo que importa es que desaparezcan las familias...con miembros con un alto *know how* acumulado, con redes de contactos con capacidad financiera".

Las contestaciones a la pregunta ¿qué razones se tienen para continuar como una empresa familiar?, si como pregunta está bien hecha, y cuestionada a diversos miembros de la familia rigurosamente seleccionados es bien contestada, y las respuestas son suficientemente contrastadas con el comportamiento real de las personas, ayudarán a conocer más razones de continuidad.

En este sentido, el análisis de los pactos de familia con un número suficiente de años de vigencia, correspondientes a empresa familiares que continúan exitosamente su andadura y en los que dicha pregunta fue hecha, ayuda a identificar varios grupos de razones (Gallo, 2011, p.31). Razones como:

- La obligación moral de dar continuidad a lo que han llevado a cabo las generaciones anteriores, es decir, el deber de esforzarse por seguir con la tradición de emprendimiento implantada por los mayores. Esfuerzo y emprendimiento que son considerados como principios básicos para la actuación de los miembros de la familia.

- Las oportunidades que gracias a la continuidad de la empresa se podrán ofrecer a las personas de la familia para su desarrollo profesional, en el marco de un conjunto de valores que la familia considera como propios. Habitualmente, los miembros jóvenes de la familia manifiestan haber aprendido estos valores de sus mayores, quienes los transmiten con su ejemplo y también con sus palabras, acuñando frases que rememoran hitos del pasado que marcan el camino hacia el futuro.

- El convencimiento de que manteniéndose unidos en la empresa será más probable que se hagan realidad las posibilidades de acrecentar el patrimonio económico que se posee conjuntamente, así como también serán inferiores los riesgos de perderlo.

- La importancia del "capital familiar"[29] que la familia propietaria ha acumulado en el transcurso del tiempo, así como también la importancia del status social que las personas disfrutan por ser miembros de la familia.

---

29 Capital familiar entendido como conjunto de fortalezas para hacer negocios que surgen en la familia, con motivo de sus interrelaciones (Hoffman, Hoelscher y Sorenson, 2006). Fortalezas como proyectos compartidos, valores vividos y virtudes humanas que se ejercitan y promueven.

- La posibilidad que la empresa familiar proporciona a las personas de la familia para colaborar en el incremento del bien común de la sociedad mediante, por ejemplo, la generación de oportunidades de trabajo para un mayor número de personas, la inversión en investigación, la aportación económica de la empresa, o de alguna fundación de la familia destinada a resolver problemas de salud y educación, o a la promoción de actividades artísticas, etc.

Como resulta fácil observar en estos grupos de razones para continuar como empresa familiar, identificados al analizar un número amplio de protocolos familiares, se encuentran razones directamente relacionadas con cada uno de los tres tipos de motivaciones: motivaciones extrínsecas, como las "mayores posibilidades de acrecentar el patrimonio"; motivaciones intrínsecas, como las "oportunidades de desarrollo para los miembros de la familia"; motivaciones trascendentes, como las "posibilidades de colaborar al incremento del bien común de la sociedad". Así mismo, también se observa que en los cinco grupos de razones recién comentadas subyace el valor de la solidaridad con la familia y con la sociedad, vivir esta solidaridad, como adhesión a la causa de otros, es poner en acción una motivación trascendente que, en sí misma, es una razón positiva e intensa para la unión.

La solidaridad, si se quiere lograr la continuidad en la unidad, es un valor a promover desde los primeros tiempos de existencia de la empresa familiar. Es por ello conveniente que cada miembro de la familia, trabaje o no en la empresa familiar, conozca y comprenda que al dedicarse a ella está cuidando el bien común de toda la familia, es decir, sea sabedor de que "trabaja para todos", para la comunidad de personas que es la empresa y para la comunidad de personas que es la familia.

Razones de desunión.

Como es lógico, serán condiciones de desunión los cursos de acción contrarios a los anteriormente indicados como razones de unión. Serán razones profundas de falta de unidad las arquitecturas motivacionales constituidas básicamente por motivaciones extrínsecas e, incluso, por motivaciones intrínsecas, pues carecerán del pilar fundamental de esta arquitectura que son las motivaciones trascendentes. Junto a la carencia de motivaciones trascendentes en el ejercicio del poder en la empresa, serán razones de desunión en la empresa familiar las que voluntariamente dan origen a una muy baja natalidad, realidad cada vez más frecuente en las familias empresarias, que es causa de que no haya herederos en la siguiente generación o que, siendo uno o dos los herederos, éstos no encuentren más razones para la continuidad de la empresa que heredan que las razones económicas, es decir, las extrínsecas.

Al llegar a este punto es oportuno recordar que cuando en la empresa familiar se cae por ignorancia en las trampas profundas que le son propias, y no se tiene voluntad eficaz de salir de ellas, los errores sucesivos se pagan con desunión. Así mismo ocurre con el fracaso económico en las actividades de la empresa, y de manera especial cuando éste es escondido a los demás miembros de la familia.

Lo que se ha dado en llamar "propiedad sicológica" de la empresa, es decir, el sentimiento posesivo que una persona tiene sobre la misma, por el hecho de estar relacionada o familiarizada con ella (Pierce, Kostova y Dirks, 2001), puede ser una causa de desunión, si la persona, apoyándose en su ignorancia, siente que la empresa le debe cosas que realmente no le corresponden y las exige o, al menos, se ofende y origina desunión si no las recibe, propiedad sicológica en este caso que bien puede ser calificada como "propiedad psicológica negativa". Pero, la propiedad sicológica también puede ser una fuerza que une, en este caso será "propiedad psicológica positiva", cuando la persona siente la obligación de mantener el compromiso de unidad, por lo mucho que él y su familia han recibido de la empresa, aunque sea previsible que en el futuro no pueden recibir tanto.

La pérdida prolongada de las ventajas competitivas de la empresa y el riesgo económico al que esta pérdida conduce, puede ser causa de desunión, pero también de unidad. Hay familias en las que las personas frente a adversidades comunes se unen más intensamente entre sí, pero también existen familias en las que las dificultades tienen el mismo efecto que el del viento que anima la hoguera de una incipiente desunión.

El temor a las adversidades que originaría el fracaso económico de la empresa familiar es con mucha frecuencia causa de desunión. Cuando miembros de la familia observan que en la empresa se está habitualmente cayendo en las trampas, pierden la confianza en quienes gobiernan e inician el proceso de forzar el cambio de la actuación de los ignorantes, o separarse de ellos. Cuando se observa que los diagnósticos hechos en situaciones complejas están equivocados, o los cursos de acción tomados para la solución de estas situaciones no dan resultado, hay miembros de la familia que pierden su confianza en las cualidades de quienes conducen la empresa y, con ello, se inicia el proceso de desunión. Y no se puede olvidar que, en empresa familiar, es difícil que personas ignorantes que detentan la *potestas* acepten que en su ignorancia está el origen del fracaso económico, pues, ostentan *potestas* y, por defenderla, es fácil que los directivos que están a su alrededor, que no siempre son del todo imparciales, tiendan a darles la razón. Esta ignorancia impide actuar con profesionalidad, y el echarse la culpa unos a otros termina con la unidad.

Además de las causas de desunión citadas en los párrafos precedentes, están los múltiples tipos de conflictos que tienen lugar entre personas que han de convivir por razón de formar parte de una misma familia, por razón de trabajar juntos y por razón de compartir un patrimonio del que se espera no solo rendimiento económico sino también otras ventajas. Los miembros de la familia y entre ellos, en primer lugar como es natural aquellos a quienes se les confiere una mayor *auctoritas,* han de estar atentos para evitar que estos conflictos nazcan, gracias a su prudencia para estudiar y llegar a conocer con anticipación los orígenes de los mismos (Tomaselli, 2017, p.51); han de esforzarse para evitar que crezcan pues, a la hora de solucionarlos, una llama se apaga con mayor facilidad que un incendio; y estar convencidos de que la mejor manera de resolver un conflicto de intereses consiste en su superación, es decir en descubrir e implantar una alternativa de solución cuyos resultados aventajen a los intereses que enfrentan a las personas, eliminándolos así en su raíz. En la mayoría de las ocasiones se puede afirmar, sin cometer error, que un conflicto que no se resuelve es porque no se quiere de verdad que se resuelva, pues "dos no se pelean si uno no quiere pelear". Pero sin olvidar que hay dos causas dolosas de desunión de difícil solución: los deseos de venganza, y la intención de defraudar buscando con astucia hacerse con la propiedad de una parte o de la mayoría de la empresa.

Nota final.

En la vida real de toda empresa familiar coinciden, al mismo tiempo, fuerzas que unen a los miembros de la familia y fuerzas que los desunen.

El crecimiento en complejidad de la empresa da lugar, de una forma natural, a que diversos miembros de la familia hagan juicios de valor contradictorios sobre las mismas situaciones, y de estas contradicciones nacen fuerzas de desunión. El crecimiento en número de miembros de la familia y la incorporación de nuevas generaciones, da lugar a que formen parte de la empresa, personas con distintas actitudes que, por ser difíciles de cambiar, son así mismo origen a fuerzas que desunen.

Hacer frente con éxito a estos conjuntos de fuerzas que desunen, es uno de los mayores retos para el desarrollo estable de la empresa familiar pues, como se ha ido analizando, el incremento de la complejidad es connatural con el avance de la familia y de la empresa. Para vencer en este desafío es conveniente conocer mejor en qué consiste dicha complejidad, cuáles son sus causas, las circunstancias en las que se presenta y los elementos que con ella se relacionan, y tener ánimo para abrir los problemas y encontrar soluciones que, en buena parte de las veces, como se indicó más arriba, han de ser soluciones por superación.

Para que las soluciones a problemas de desunión se puedan implantar, es imprescindible reconocer la verdad de lo que está ocurriendo ante terceras personas, reparar con justicia los daños que se hayan podido hacer, y perdonar. Perdonar en empresa no quiere decir olvidar, pues perder memoria de algo que es considerado importante puede muy bien ser una imprudencia, pero sí quiere decir renunciar a estar recordando el error o la culpa de forma machacona y cansina, olvidando que es el futuro lo que debe importar. Perdonar es renunciar a la venganza, una de las más fuerte causas de desunión.

TERCERA PARTE

CONTINUIDAD DE LA EMPRESA FAMILIAR

Diagnóstico de su complejidad.

Una vez descritos en la primera parte varios tipos de carácter, situaciones por las que pasan las empresas familiares y que, en buena parte de los casos, hacen difícil su continuidad, así como también analizadas en la segunda parte las circunstancias y causas que en general favorecen o empecen el desarrollo de la unidad como fortaleza esencial para conseguir la continuidad, en esta tercera parte se tratará de cómo llegar a conocer mejor la complejidad de la situación en la que se encuentran una familia y su empresa, así como de identificar cursos de acción que ayuden a implantar soluciones que den lugar a un incremento del bien de la familia y de la empresa, o que causen el menor daño posible en la salida de situaciones en las que la continuidad no resulta viable.

La mejora de la unión de los miembros de la familia entre sí y con su empresa familiar no es algo que se consigue con un simple dejar pasar el tiempo, aunque en algunas ocasiones esta manera de actuar resulte ser adecuada e, incluso, necesaria. La mejora de la unidad requiere de la aplicación de medios que ayuden a disminuir las causas de desunión y a aumentar las de unión; medios que sean eficaces en un período de tiempo relativamente corto pues la empresa vive en un entorno que cambia deprisa y las relaciones en la familia tienen sus propios ciclos y momentos de vida.

Como es lógico, la elección e implantación de estos medios debe ser coherente con la situación actual de la empresa y de la familia, y con las evoluciones que son previsibles dentro de unos plazos de tiempo realistas. La identificación de esta situación actual y de sus potenciales evoluciones, que a continuación se propone, es el resultado de la información obtenida por medio de dos análisis. Dos análisis, por el hecho de que en la empresa familiar coexisten dos sistemas: el análisis de la situación de unidad de la familia y el análisis de la situación competitiva de la empresa.

El **análisis de unidad** de la familia es el estudio, tan objetivo como sea posible, del grado de unidad existente y previsible de los miembros de la familia entre sí y con su empresa familiar. Es este análisis en el que se trata de identificar las razones y circunstancias de unión y de desunión, de profundizar en sus características y de estudiar cómo es previsible que evolucionen, así como también se trata de conocer los conflictos ya existentes y los que eventualmente llegarán a presentarse en el caso de no tomar medidas.

Este análisis de unidad se lleva a cabo apoyándose en esquemas conceptuales como los explicitados en el apartado anterior, al trabajar sobre "El natural incremento de la complejidad" en empresa familiar (p. 62), sobre "Analizar la unidad: en Empresa Familiar" (p. 64), sobre "Convivir en la complejidad" (p. 66), sobre las "Razones profundas de unidad" (p. 72) y las "Razones de desunión" (p. 81).

El elemento más importante y, con frecuencia, el más difícil en la realización del análisis, es llegar a un acertado conocimiento de las personas de la familia. Llegar a identificar sus cualidades e intenciones, para vivir en unidad; a identificar sus capacidades, actuales y previsibles, para desempeñar responsabilidades en la empresa y en la familia; y al conocimiento de la adecuación de dichas intenciones y capacidades a las características de los lugares que ocupan o pueden llegar a ocupar en la organización familiar en razón de su *auctoritas* y de su *potestas*. Como es lógico, este punto es tan importante para la empresa que también se considera parte del análisis de su situación competitiva.

Llevar a cabo el análisis de unidad requiere, en quien lo realiza y hace las correspondientes inferencias, profesionalidad en el conocimiento y aplicación de modelos conceptuales como los recién indicados, que no son sencillos de entender, aunque a primera vista sí que lo parezcan. Así mismo, requiere conocer a las personas de la familia y, cuando el análisis es realizado por asesores externos, casi siempre será preciso que se lleven a cabo entrevistas, se pida la cumplimentación de cuestionarios cualitativos abiertos, se estudien documentos básicos, se conozca la historia de la familia y de la empresa y, lo más importante y más difícil, se consiga que las personas de la familia sepan y quieran ser veraces y sinceras.

Un aspecto de particular importancia en este análisis es el estudio del grado en que las personas que son propietarias del capital, o lo serán en el futuro, se comportan o podrán comportarse como accionistas responsables, es decir, como propietarios activos y serenos que actúan en los órganos de gobierno de su empresa. Propietarios activos que desean ejercer sus derechos y, actuando diligentemente, lo hacen desde el lugar que les corresponde, colaborando a que la empresa alcance sus fines. Propietarios que profesionalmente estudian y comprenden la situación de la empresa, dedican tiempo y esfuerzo a la celebración de las asambleas generales, viviendo la discreción y actuando en unidad, sin provocar rápidas confrontaciones, ni repetir cansinamente agotadoras argumentaciones. Propietarios que aun conociendo que, en términos legales, por el hecho de serlo, habitualmente no tiene deberes para con la empresa, sin embargo, cumplen responsablemente lo que se espera de ellos (Gallo, 2008, p.122 a p.124).

Propietarios serenos, pacíficos, alejados de intranquilidades que no tienen fundamento, apartados en su acción en la empresa de inquietudes y perturbaciones estrictamente personales. Propietarios que saben y quieren ejercer el poder como servicio, con mesura en las peticiones de información y que mantienen una permanencia razonable como tales dueños del capital. Propietarios con paciencia, virtud de todo buen gobernante, lo que no significa que sean débiles por faltarles la necesaria fortaleza (Gallo, 2008, p.125).

Un segundo punto de particular importancia en el análisis de unidad, es comprender las cualidades de las personas que desempeñan o desempeñarán en el futuro las responsabilidades de administración, es decir, las responsabilidades de gobierno ordinario, como miembros del consejo de administración o como administradores únicos. Estas personas deben ser administradores preparados para ayudar a confeccionar y tomar las decisiones de gobierno[30], y

---

30 "La legislación sobre sociedades del capital no distingue claramente entre decisiones de gobierno y de dirección, aunque sí distingue las decisiones de dominio...Los estatutos de las empresas las distinguen en algunas ocasiones....La mayoría de las empresas familiares de un país nunca se plantean esta distinción...La experiencia hace ver, sin embargo, que cuando en la empresa familiar se piensa de manera serena y ordenada sobre los distintos tipos de decisiones no resulta tan difícil clasificar algunas de ellas como decisiones de gobierno, por estar muy directamente relacionado con la estructuración del poder y de los recursos

que no se limitan a dar validez legal a lo decidido por otros, pues conocen y comprenden que la mayoría de las crisis en la empresa son debidas a los errores de juicio de personas bienintencionadas (Pound, 1995). Administradores que, sabedores de las limitaciones y sesgos de sus propios y personales razonamientos, se ejercitan en la colegiación de las decisiones con los demás miembros del órgano de gobierno. Administradores, en fin, que tutelan el desarrollo profesional del equipo de alta dirección de la empresa.

El análisis de unidad no se debe confundir con la descripción de la situación optimista que se desearía alcanzar en el futuro, ni tampoco con la impresión pesimista de la unidad que se ha tenido en el pasado. El análisis de unidad sí debe ser, en primer lugar, una explicitación lo más objetiva posible de la situación de unidad que se da en la etapa de vida que están compartiendo la familia y la empresa; en segundo lugar, la identificación de los límites positivos a los que puede razonablemente evolucionar si son viables los esfuerzos para mejorarla; y, en tercer lugar, las erosiones que sufrirá la unidad si no tienen éxito dichos esfuerzos.

En este apartado se entiende por **análisis de la situación competitiva de la empresa**, lo que tradicionalmente han comprendido como tal muchos de los académicos prestigiosos desde hace años (Christensen et al, 1991, pp.93-95), (Valero y Lucas, 1991, pp.62-68 y pp.77-97), (Porter, 1998, pp.21-39). Es decir, en primer lugar, el estudio de las oportunidades y peligros que se encuentran en el entorno en el que compite o quiere llegar a competir la empresa. En segundo lugar, el estudio que conduce a identificar las fortalezas y las debilidades que la empresa y su organización tiene, en comparación con sus competidores, para evitar los peligros y hacerse con las oportunidades que se dan en su

---

económicos, la determinación del futuro que se quiere conseguir y los modos de hacerlo, y con la asunción de riesgos importantes (Gallo, 2008, p.139).

entorno. En tercer lugar, la identificación de las preferencias personales que, como sesgos positivos y negativos o tendencias para la acción, muestran tener las personas más influyentes en la organización (Gallo, 2016, pp.67-79).

En la parte de este análisis que se puede calificar como auditoría de la organización, se debe poner especial cuidado en el estudio de los sistemas de dirección empleados en la empresa, pues si la estrategia es la "situación futura" que se elige para la empresa, y la organización es el "vehículo" con el que se piensa hacer realidad la estrategia, los sistemas de dirección son los "mandos" del vehículo. Gracias a los sistemas de comunicación y rendición de cuentas, a los sistemas de evaluación de las cualidades de las personas y de los resultados que alcanzan, a los programas para su desarrollo específico profesional y a los sistemas de remuneración, es como en la empresa se deben resolver las desviaciones en la acción y, en su caso, hacer las necesarias correcciones en la estrategia para adecuarla a evoluciones no previstas del entorno, así como correcciones en la organización para adecuarla a la nueva estrategia.

Como es fácil comprender ni el análisis de unidad ni el análisis de la situación competitiva se pueden reflejar acertadamente por medio de una cantidad numérica, o por medio de una frase brillante. De hacerse así se perdería una información de extraordinario valor para la identificación de cursos de acción que pueden conducir a encontrar soluciones a la complejidad o, al menos, intentar que ésta no crezca hasta imposibilitar alternativas de mejora.

Lo más frecuente es que en los dos análisis aparezcan elementos positivos y elementos negativos, y que el trabajo de diagnosticar consista precisamente en apreciar los pesos relativos de ambos tipos de elementos y, apoyándose en estos pesos, identificar alternativas positivas realistas, predecir sus posibilidades y conocer las alternativas negativas.

El **diagnóstico de complejidad,** como confluencia y resultado de ambos análisis, es un esfuerzo del entendimiento que trata de encajar los múltiples y diferentes componentes encontrados en los dos análisis recién citados, para llegar a comprender cuál es la situación actual de la complejidad, descubrir qué cambios se darían en el proyecto familiar y empresario en el caso de mejorar los niveles de compromiso de la familia y de fortalecer la situación de la empresa frente a sus competidores o, por el contrario, a qué situación se llegaría si el compromiso de la familia empeora y la empresa pierde capacidad para competir.

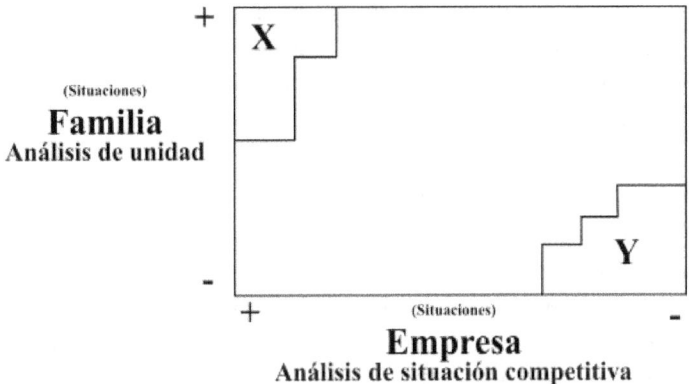

Fig.-10 Diagnósticos de complejidad.

Una representación gráfica de un conjunto de diagnósticos de complejidad de situaciones sencillas de empresa y de familia puede ser la siguiente figura, en la que las situaciones se califican de más positivas a más negativas. De una manera sintética, se puede afirmar que en las empresas con diagnósticos de complejidad que corresponden a una zona "positiva" (X), en la que, por darse una notable disposición de ánimo hacia la unidad en la familia, y tener la empresa unas fortalezas y oportunidades elevadas, se podrá conseguir su continuidad exitosa como empresa familiar, mientras que las que se encuentren en la zona "crisis" (Y), por tener problemas graves y difíciles, más crítico que su continuidad con el carácter de empresa familiar, será identificar e implantar estrategias para salir con rapidez de su crisis como empresa de negocios.

Un intento simplificado de representación gráfica del diagnóstico de complejidad de una empresa sencilla puede ser la siguiente figura[31], en la que se pretende expresar que:

- Partiendo del análisis de unidad de la familia se puede identificar con suficiente precisión su situación de unidad y compromiso (situación 2 en este caso concreto), así como el grado en que, llevando a cabo determinados esfuerzos, es posible alcanzar situaciones mejores (situaciones 1), y la posibilidad de que se presenten situaciones peores (3 en este caso).

- Partiendo del análisis de situación competitiva de la empresa se puede identificar con cierta precisión, cuál es la situación de la empresa (situación b en este caso), así como también el grado en el que es posible alcanzar situaciones mejores (a), y a la probabilidad de que se presente otras peores (c).

- El diagnóstico de complejidad de la situación (b/2), consiste en el raciocinio a realizar para conocer las posibilidades que se tiene para lograr las situaciones positivas (a/1, a/2, b/1), conocer los peligros de que se presenten las evoluciones negativas (c/2, c/3, b/3), así como las formas de evitar dos evoluciones (c/1, a/3)

---

31 En esta figura, con la intención de lograr una representación gráfica sencilla, se han considerado cinco grados de unidad en la familia y cinco grados de competitividad en la empresa. En el caso de la familia: (1) Equilibrio (las fuerzas que unen y desunen se compensan). (2) Propensión al equilibrio. (3) Estabilidad (permanencia en un estado). (4) Tendencia a la crisis. (5) Crisis (tiempo difícil, problemas graves). En el caso de la empresa: (a) Excelente situación de competitividad. (b) Buena. (c) Regular. (d) Mala. (e) Pésima.

que darían lugar a nuevas dificultades y deberían reconvertirse hacia las posiciones (b/1, a/2 respectivamente) para evitar mayor complejidad.

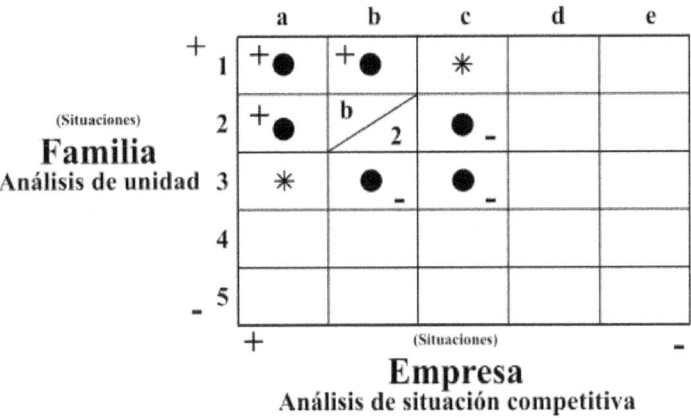

Fig.-11 *Empresa Familiar: su diagnóstico de complejidad.*

Frente al eventual pensamiento de que la simplicidad de los comentarios recién hechos conduzca a un optimismo infundado, es oportuno insistir en que los cambios hacia la mejora son siempre importantes y difíciles evoluciones de la empresa, y que buena parte de las empresas familiares no son capaces de evolucionar tanto.

Por otra parte, en muchas ocasiones la situación de la familia y de la empresa no se puede encuadrar en una sola celda del gráfico, pues están en varias celdas al mismo tiempo. Por ejemplo: hay ramas de la familia muy unidas y otras no; algunos de los negocios tienen una excelente posición competitiva y otros muy mala; los órganos de gobierno no actúan o sus procesos son ineficaces, pero la dirección ejecutiva es excelente; etc. Sin embargo, el análisis llevado a cabo para conseguir el diagnóstico de complejidad, cuando éste está bien realizado, conduce a una información que será adecuado punto de partida para:

- Seleccionar medios que ayuden a mejorar la unidad y el compromiso de la familia.

- Seleccionar medios que ayuden a incrementar la competitividad de la empresa.

- Preparar con más tiempo las eventuales salidas de una situación actual que difícilmente puede mejorar.

- Programar los tiempos para la implantación de estas salidas.

En otro orden de ideas, la contestación razonable a la pregunta de cuándo llevar a cabo el proceso aquí descrito como diagnóstico de complejidad es "depende". Y, en efecto, depende de múltiples dimensiones de la familia, como el número y edad de las personas, las generaciones involucradas, sus cualidades, sus intereses etc., y depende de múltiples situaciones de la empresa, como cambios en su entorno, ventajas competitivas, circunstancias de su organización, posiciones financieras, etc.

Sin embargo, sí de verdad se tiene la intención de lograr una continuidad prolongada como empresa familiar y como familia empresaria, la prudencia aconseja confeccionar el diagnóstico con anticipación, antes de que se presenten los problemas, para tomar decisiones de elección y de aplicación de medios y, en su caso, si conservar la unión fuera muy difícil o imposible, diseñar los modos de salida que menos daño hagan a la empresa y a la familia.

En primera generación, habitualmente, será un tiempo adecuado para realizar el diagnóstico, la época en la que los miembros de la segunda generación han madurado, elegido sus carreras profesionales e, incluso, algunos contraídos matrimonios. En segunda generación, al ser la diferencia de edades entre hermanos y primos habitualmente más amplia, puede ser conveniente que el diagnóstico de complejidad se lleve a cabo antes de la maduración de la mayoría de los miembros de la tercera generación[32]. En cualquier caso, siempre es preferible adelantarse a retrasarse. En ese sentido, y nunca se debería olvidar, hay que tener en cuenta que una de las trampas más importantes en las que cae la empresa familiar es la de retrasar sus procesos sucesorios, y el diagnóstico de unidad está en directa relación con dichos procesos sucesorios.

Medios para incrementar la unidad.

De acuerdo con cuáles sean las conclusiones del estudio del diagnóstico de unidad, los medios a implantar en la familia y en la empresa se orientarán hacia finalidades que pueden tener diferentes sentidos. En el sentido positivo la finalidad de incrementar la unión, y en el sentido negativo la finalidad de encontrar e implementar la salida que cause menos daños a todos los interesados. La estrategia de "conservar el nivel de unidad" es, sin duda, en ocasiones una estrategia válida; sin embargo, en empresa acostumbra a ocurrir, como en tantas otras actividades de la vida que, en el medio y largo plazo, lo que no mejora tiende a empeorar.

La separación neta entre un tipo y otro de medios no siempre es clara, como tampoco lo son las consecuencias de su implantación, pues siempre hay muchos juicios de valor de por medio que pueden resultar equivocados, y el futuro es habitualmente difícil de prever.

Sin embargo, los primeros medios parten del convencimiento de que la unión es posible en el futuro, y buscan implantar acciones para no solo alcanzar una buena convivencia si no para que siga mejorando. Los segundos, más bien tienden a

---

32 Las afirmaciones recién hechas, deben ser reconsideradas cuando en las familias hay separaciones matrimoniales, divorcios, nuevas uniones, etc.

hacer suyo el aforismo que afirma que las empresas, tanto la familiar como la no familiar, "han nacido para morir" y buscan cómo "podar" sus actividades para que surjan nuevos brotes o retoños, o, cómo "injertarlas" y conseguir nueva savia, o al menos ayudar a "bien morir".

Entre los medios para mejorar el nivel de unidad merece la pena destacar los siguientes:

- Implantar sistemas de información que incrementen la transparencia acerca de la situación de la empresa, de la familia y la de sus interrelaciones. El incremento del nivel de información en la empresa precisa del ejercicio de la prudencia, pues habitualmente da origen a importantes expectativas, que pueden acabar en resultados tanto positivos como negativos. Así, por ejemplo, no es bueno pasar de "no dar prácticamente ninguna información" a dar "demasiada"; tampoco es oportuno dar información a quien tiene poca capacidad para entenderla o tiene inclinaciones a interpretarla mal; ni es conveniente informar para transmitir dudas graves sin proponer soluciones.

- Desarrollar contratos, pactos, acuerdos y otros modos de acción orientados a incrementar la confianza en las intenciones y capacidades de las personas con influencia en la empresa y en la familia. Para que su aplicación dé buenos resultados hay un punto que resulta imprescindible. Las intenciones de las personas han de ser realmente merecedoras de confianza, nunca se debería partir de una intención engañosa o torticera; tiene que quedar claro que la propuesta y vivencia del contrato es una auténtica manifestación de confianza, es decir, debe ser cierto que, "partiendo de la base de que confiamos el uno en el otro hacemos este contrato que, además, prefija cómo encontrar soluciones en el caso de que decidamos romperlo..., si no confiara en ti no haría este contrato, o lo haría en otro momento, o no conocerías de verdad mis intenciones...".

- Dar formación a los miembros de la familia para que comprendan en qué consiste ser accionistas socialmente responsables, y qué significa en empresa familiar ser accionista activo y sereno, y motivarlos a conseguirlo (Gallo, 2008. pp.121-137). Del accionista malicioso se puede esperar perversidad, disimulo, tergiversación, etc, pero resulta más fácil prever sus posibles reacciones; del accionista ignorante no se sabe bien cómo actuará y, por esta imprevisibilidad, puede resultar más peligroso que el malicioso a la hora de mejorar la unidad.

- Crear un mercado para la eventual venta de participaciones del capital social mediante la construcción de fondos o de estructuras para la liquidez. La experiencia hace ver que, en algunas ocasiones, basta con que sea un mercado aparente, pues con él se dan señales de valor económico a los propietarios con distintos niveles de propiedad, mayorías, minorías, etc. y a los actuales y futuros accionistas; en otras ocasiones, es útil para que "salgan a la luz" los vendedores ocultos. Sin embargo, no se puede olvidar que, a pesar de la conveniencia de disponer de liquidez, en buena parte de las veces, es muy difícil o imposible construirla en el plazo de tiempo en el que la familia y la empresa la necesitan, debido a falta de previsión o de interés por hacerlo cuando podía haber sido iniciada, o a haber llevado a cabo otras inversiones que no eran del todo necesarias para el funcionamiento de la empresa, o a lo difícil situación económica en la que la empresa se encuentra desde hace algún tiempo.

- Poner en marcha un consejo de familia que tenga como su principal misión ser "motor" de unidad, promoviendo una sana convivencia entre los miembros de la familia y en la empresa. Los miembros del consejo de familia, y de una manera particular la persona que en el mismo hace cabeza como "jefe emocional de la familia"[33], han de ser "centros" de afecto y de confianza de los miembros de la familia, personas que puedan identificar orígenes de desunión y resolverlos, sabiendo mantener unas ordenadas relaciones con el órgano de gobierno ordinario de la empresa para dárselos a conocer siempre que sea oportuno hacerlo, y así colaborar a alcanzar el mayor nivel de unidad posible.

- Preparar a personas de la familia, especialmente de la siguiente generación, para que lleguen a ser administradores profesionales, es decir, miembros de consejo de administración leal y diligente. En ocasiones, permitiendo su asistencia a las reuniones ordinarias del órgano de gobierno, como invitados sin voz ni voto; en otras ocasiones constituyendo con ellos consejos de administración de aprendizaje que, trabajando con los datos reales de una empresa filial o de un grupo de operaciones de la empresa familiar, son conducidos por consejeros expertos; y casi siempre, favoreciendo su asistencia a seminarios y programas de escuelas de negocios.

- Aplicar terapias para la resolución de conflictos interpersonales e intergrupales entre ramas de la familia, con la ayuda de los correspondientes profesionales expertos. En la aplicación de dichas

---

[33] Jefe emocional de la familia, en inglés Chief Emotional Office. Su abreviatura, CEO, que coincide con la de Chief Executive Officer, es empleado en la literatura sajona para enfatizar su importancia en una empresa familiar.

terapias, todos han de tener claro que es inútil pretender que un experto externo consiga en poco tiempo que las personas adquieran hábitos buenos de los que carecen; del especialista sí que se puede esperar que ayude a comprender mejor las situaciones, y los cambios necesarios, así como que proponga modos más adecuados de comportarse, pero, luego, cada quien tiene que esforzarse para cambiar y comportarse adecuadamente.

- Con la ayuda de asesores, expertos en dirección general de negocios y que también saben actuar como mediadores, resolver desacuerdos relacionados con la estrategia de la empresa, con su organización o con sus sistemas de dirección.

- Encontrar e implantar, mediante fórmulas legales, modos que protejan a la empresa de las decisiones equivocadas que, por ignorancia o por malicia, pueden llegar a tomar los propietarios que detentan una mayoría suficiente de derechos políticos.

Como se ha venido indicando en este apartado, es habitual que las situaciones de unidad de una empresa cambien con el paso del tiempo, para mejorar o para empeorar. En efecto, es difícil que una empresa familiar se mantenga en la misma posición de unidad durante un prolongado período de tiempo, porque el entorno evoluciona y con él la empresa lo ha de hacer para mantenerse competitiva, y porque la familia y las personas, se quiera o no, también cambian, salvo casos excepcionales. Las familias empresarias no deberían olvidar que mejorar el nivel de unidad es normalmente un proceso que transcurre con lentitud, y que sin embargo, los empeoramientos en el nivel de unidad son más rápidos y, cuando empiezan, se acostumbra a esconder sus inicios. Por ello, resulta conveniente, además de querer entender, con realismo la situación de unidad, tener preparados e incluso puestos en marcha cursos de acción con los que periódica y frecuentemente tratar de reforzar la unidad. En el fondo, actuar con el pleno convencimiento de que la unidad por ser la fortaleza esencial de la empresa familiar hay que protegerla como a la "niña de los ojos".

Preparar e implementar salidas de las situaciones de desunión.

Con la palabra "salida", en los párrafos siguientes, se hace referencia a la acción de resolver directamente situaciones de desunión mediante la ruptura de la unión, pues en la vida real hay ocasiones en las que no merece la pena hacer el esfuerzo por la unidad, que incluso puede dar lugar al empeoramiento de la situación y, por ello, lo más prudente es intentar la desunión de las partes en conflicto. La palabra salida no se debe entender aquí como salida exitosa, algo que pocas veces se alcanza en una empresa en la que, lograr la unidad ha sido un imposible, más bien hay que entenderla como la terminación de una situación que de continuar se haría cada vez peor y causaría daños mayores.

Descubrir, preparar e implementar una salida, al menos, suficientemente adecuada para todos los implicados en la empresa familiar es algo difícil de conseguir. En efecto, lograr una salida en la que todos ganen en términos económicos y en términos emocionales y en la que, además, la empresa como actividad de hacer negocios, evolucione a ser más fuerte de lo que era antes de la desunión, es prácticamente un imposible. Si este tipo de salida existiera y fuera suficientemente generalizable, ya habría sido empleada por una multitud de empresas, estaría en los libros de texto y sería motivo de enseñanza en todas partes.

Las posibilidades de conseguir implantar una salida suficientemente adecuada son mayores conforme el nivel de unidad es más elevado, pero, aun así, la probabilidad de que esta salida dañe el prestigio social de la familia "al salir" es importante, como también es elevada la probabilidad de que algún miembro de la familia pierda oportunidades de alcanzar un futuro personal mejor que el que podría conseguir de continuar la empresa sin cambios. La experiencia hace ver cómo, hasta en las salidas más exitosas, siempre hay perdedores, pues difícilmente se consigue el éxito sin el sacrificio de algunas personas que, además, con frecuencia, son perdedores ocultos.

La experiencia también hace ver, sin embargo, cómo algunas empresas familiares logran implantar salidas suficientemente acertadas. Salidas que, casi siempre, están apoyadas en acciones y decisiones que quienes las gobiernan llevaron a cabo con bastante anticipación, previendo que la desunión podría llegar a ser una realidad en el futuro, y comprendiendo que lo que ha sido diseñado y articulado por la generación precedente, cuando es justo y prudente, resulta más fácil de aceptar por la generación siguiente.

La siguiente enumeración de salidas de situaciones de desunión procede de la observación de casos reales:

- Segmentar la empresa familiar en varias empresas o en actividades de negocio y otros patrimonios, de manera que, con la ayuda de liquidez financiera, se puedan hacer partes independientes y suficientemente equipolentes.

- Cambiar la estructura de propiedad de la empresa, por compraventa de participaciones, por ampliaciones de capital, etc., de manera que con la estructura de derechos políticos resultante sea posible definir una nueva estrategia y establecer una nueva organización.

- Ejercitar el derecho a excluir socios, siempre que se den los motivos indicados en los estatutos y en la legislación, y que se decida por los porcentajes de propiedad legalmente establecidos.

- Separación voluntaria de socios que ejercen su derecho a separarse de la sociedad de acuerdo con las causas establecidas en la legislación (modificación del objeto social, transformación de la empresa, cambio del domicilio social al extranjero, no reparto de dividendos...)

- Cambios en el sentido de las votaciones en la junta general de accionistas, por pactos entre socios con participaciones significativas en el capital.

- Incapacitación de socios con participaciones importantes en el capital, siguiendo los procesos legalmente establecidos.

- "Adelgazamiento" progresivo de los activos de la empresa familiar, por escisiones y ventas de activos, repartos de dividendos, etc., para que, con el paso del tiempo, el patrimonio compartido por los miembros de la familia sea muy pequeño y no "valgan la pena" ni los esfuerzos ni los disgustos de la lucha entre miembros de la familia.

- Salir al mercado de valores para atraer dueños influyentes en el gobierno de la empresa, y disminuir la influencia de la familia.

- Liquidación de la empresa.

- Disolución legal de la empresa, por causa del bloqueo y paralización de sus órganos de gobierno.

- Llegar a una suspensión de pagos, e incluso una quiebra, como modo de encontrar una salida, dando a otras personas el poder para decidir.

En su práctica totalidad las salidas de una situación de desunión pasan por cambios en la propiedad, es decir, en la estructura de derechos políticos en la empresa. Pues para llegar a salir de la situación actual, hay que ejercer la *potestas* de una manera diferente a como se venía ejerciendo, y acostumbra a ser más fácil cambiar a las personas que la detentan que conseguir que quienes tienen *potestas* cambien su modo de hacer las cosas en la empresa.

Los cambios en la estructura de derechos políticos proceden de cuatro tipos generales de orígenes. Cambios ocasionados por situaciones de disolución, suspensión de pagos y quiebra de la empresa. Cambios por transmisiones no onerosas de participaciones en el capital mediante donaciones y herencias. Cambios originados por pactos de socios que son cumplidos. Cambios por compra - venta de participaciones entre socios y por la incorporación de nuevos socios, bien sea comprando a los socios anteriores o bien sea por medio de ampliaciones del capital.

Es habitual que, para la realización de los cambios de la estructura de capital, se precise una valoración del total de la empresa y de los diferentes niveles de participación en su capital. Esta necesidad también se presenta en circunstancias como la contratación de créditos con instituciones financieras, en la preparación de las periódicas declaraciones fiscales y en otras situaciones; y por otra parte es un hecho que el modo de llegar a una valoración forma parte de los estatutos de las sociedades de capital. De todo ello se desprende que, para conseguir que los cambios en la estructura de capital se puedan llevar a cabo, en su momento, con una mayor facilidad o con un menor daño, es conveniente implantar el hábito de evaluar y llegar a conocer el valor razonable de la empresa, y de comentar con los propietarios, de manera prudente pero objetiva, las valoraciones y las eventuales variaciones del valor por ser una mayoría del capital, o una minoría no de control, etc. En un sentido similar, también parece conveniente no afrentar a propietarios que deseen conocer el valor de su participación, con independencia del valor contable; ni tampoco causar vergüenza a propietarios que manifiesten deseos veraces de hacer líquido su porcentaje de capital o una parte del mismo, así como atender deseos de liquidez en la medida en que sea posible económicamente y antes de que den origen a otros tipos de daños graves para la empresa.

Si el hábito de la valoración de la empresa ayuda al cambio de la estructura de derechos políticos, mantener en la empresa un adecuado nivel de liquidez, o una estructura que permita construir liquidez con cierta rapidez, es un excelente medio para dar viabilidad a las salidas de situaciones de crisis.

Como caso particular en el cambio de la estructura de capital, parece oportuno comentar la oportunidad que puede resultar de la incorporación temporal de un fondo de inversión, siempre que las personas que lo representen en los órganos de gobierno de la empresa posean las cualidades adecuadas, pues si no las poseen más que ventajas acarreará muchas debilidades. En efecto, la incorporación del fondo, además de añadir rigor profesional en la toma de decisiones y en la información, ayuda a la mejora de la empresa ("análisis de la situación competitiva") y añade de objetividad en las relaciones entre los miembros de la familia ("análisis de unidad"). Para conseguir estas mejoras, es oportuno preparar con antelación y trabajar muy bien la manera de hacer posible la recompra de la participación del fondo en el capital en el plazo y condiciones acordadas, pues, caso contrario, se añadirán nuevas complejidades a la situación y las salidas de la misma serán más difíciles o causarán más daños.

Aunque a primera vista no lo parezca, una situación financieramente sana en la empresa es compatible, en ocasiones, con una situación de crisis en la familia e incluso en la empresa. Crisis inmediata que se presenta inesperadamente, o crisis que es claramente previsible que se presentará en el futuro. Tener liquidez disponible por medio de activos que pueden hacerse líquidos en el corto plazo sin pérdidas importantes de valor, o por la capacidad para contratar pasivos que se pueden atender a su vencimiento, no hay duda de que ayudará a hacer realidad algunos tipos de salidas. En la resolución de crisis de la familia, no se puede olvidar que los temas materiales son, habitualmente, los más fáciles de resolver "pagando" con activos económicos la salida del conflicto. Cuando la crisis está causada por cuestiones de ética, por desavenencias en los valores o en los principios, y tiene una fuerte carga emocional, las personas persiguen de manera esforzada e irracional lo que cada una de ellas piensa que es la verdad, y vuelven una y otra vez a la fuente que fue el origen de la crisis para recargar allí su animosidad (Gordon y Nicholson, 2008, p.10).

Puntos también relevantes para estar mejor preparados cuando se planteen situaciones de crisis son los siguientes:

- Esfuerzo constante por mantener competitivos los buenos negocios, y el esfuerzo por salir de los malos negocios. En empresa, cuando un negocio madura, y todos lo hacen tarde o temprano, o bien se sale ordenadamente del negocio o bien se revitaliza estratégicamente por diversificación, o por fusión para lograr economías de escala y de configuración, o bien por partenariado con algún cliente o proveedor, pero no se continúa con el mal negocio. Sin embargo, muchas empresas familiares continúan en negocios maduros, sin esforzarse por mejorarlos o eliminarlos, a veces por tradición, otras por respeto al qué dirán, incluso por mantener los puestos de trabajo de algunos miembros de la familia, y hasta por cansancio. Esta forma de actuar en empresa es un error.

- En una empresa multinegocio, el esfuerzo para que las relaciones estratégicas entre los distintos negocios, por ejemplo, que utilizan los mismos activos, en el uso de licencias, y marcas, etc., sea factible eliminarlas, sustituirlas, o, al menos, valorarlas a precios de mercado. Pues, cuando unos negocios no necesitan para desarrollarse de otros, es más sencillo diseñar su proceso de separación y asignación a uno u a otros miembros de la familia, y más rápida la implantación de la salida.

- La estructuración legal del grupo empresa familiar en varias empresas puede ayudar a implantar salidas en diferentes sentidos. Por ejemplo, en el sentido de que sea más fácil encontrar salidas distintas a cada una de las sociedades; en el sentido de facilitar la asignación de la propiedad de unas y otras empresas a las diferentes ramas de la familia; y también, en el sentido de favorecer la venta o liquidación de sociedades por separado, adelgazando así el patrimonio común compartido.

- Tener siempre muy en cuenta la estructura de derechos políticos, sus cambios, y la influencia que el nivel de propiedad tiene en las actitudes y objetivos de los propietarios. Por ejemplo, si una persona tiene mayoría suficiente de derechos políticos para bloquear salidas, serán difíciles de implantar las salidas que a ella no le vayan bien, las que no comprenda, y todas aquellas otras que den lugar a la pérdida de su poder como mayoría. Cuando esta persona, con mayoría de derechos políticos, además, dispone de tiempo y de recursos económicos para comprar a los demás, buscará pocas salidas para sus socios minoritarios excepto las salidas conducentes a que le vendan su parte conformándose con precios inferiores. También por ejemplo, los socios minoritarios, especialmente si son muchos y no logran acuerdos de accionistas, no tendrán más remedio que aceptar su situación de falta de poder; y si quieren vender sus participaciones para salir, salvo que como socios puedan ejercer algún derecho de separación, se enfrentarán a una sucesión de pesadumbres, como estar sujetos a los tiempos que la mayoría impone, aceptar reducciones en el valor de sus participaciones y ampliaciones en los plazos de cobro, recibir como parte del pago activos menos apetecibles por su dudosa rentabilidad y dificultad de liquidación, tener que asumir deudas, etc.

Notas finales.

Antes de terminar esta tercera parte del libro, parece oportuno insistir en cinco puntos que de una forma más o menos directa han estado presentes en todo lo hasta ahora comentado.

El primer punto hace referencia a que una de las principales obligaciones éticas de quienes ostentan el poder de gobernar en una empresa familiar, es diseñar con suficiente anticipación una transmisión responsable del ejercicio de dicho poder[34], e implementar la sucesión de manera que la empresa pueda seguir cumpliendo sus responsabilidades

---

34 De acuerdo con Sellés, "Organizar el trabajo implica buscar y formar sucesores...Los directivos tienen que buscar sus propios sucesores, es su primer trabajo" (Sellés, 2013, p.270)

sociales como comunidad de personas, sabiendo superar los problemas que tienen su origen en la legislación sobre sociedades de capital y sobre transmisiones testamentarias.

El segundo punto hace referencia a que es necesaria una muy elevada calidad humana para que una persona, con suficientes derechos políticos en la empresa, tenga y haga realidad su permanente disposición de ánimo para moderar su poder mediante la colegiación de decisiones. Un órgano adecuado para colegiar en la empresa es su consejo de administración. La habitual excusa de no tenerlo por falta de tamaño que, con frecuencia, se oye en muchas empresas familiares, no suele tener una base de argumentación sólida. En muchas ocasiones las verdaderas razones están en el desconocimiento de cómo actúa un consejo, o en la intención de no moderar su *potestas*, y por eso, a veces, quienes detentan el poder se apoyan en asesores personales que les aconsejan lo que ellos quieren oír. Conseguir que la familia y su empresa se habitúen al hecho de que el gobierno es ejercido de manera colegial por un órgano de gobierno profesionalmente competente, que se renueva y adecúa periódicamente conforme cambian las situaciones del entorno y las circunstancias de la familia, es una de las buenas maneras de preparar el camino para evitar futuras desuniones y, si éstas llegan a darse, para encontrar salidas[35].

El tercer punto, hace referencia a que las personas con *potestas* sepan y quieran separarse a tiempo del gobierno ordinario de la empresa. Esta separación, en ocasiones, es oportuno llevarla a cabo de una manera total y pronta; en otras ocasiones es más conveniente hacerlo de manera progresiva y gradual; pero siempre ha de llegar a ser real, y en cualquier caso el paso de la vida la llevará a cabo. Es

---

35 "In almost everyone of the cases we shall review, a better aproach to governance could have helped to keep the family and the business on track (Gordon and Nicholson, 2008, p.34).

necesario poseer una muy elevada calidad humana para ceder el poder de influir en el gobierno de la empresa y mucha más para ceder el poder de gobernar en solitario, de manera especial cuando se juzga que las cosas, apoyándose en el "análisis de unidad", en el "análisis de la posición competitiva" y en el "diagnóstico de su unidad", están avanzando suficientemente bien. Del mismo modo, aunque las razones no sean tanto el deseo de ejercer el poder como el deseo de mantener algunos privilegios, auténticos o no tan auténticos, hace falta mucha calidad humana para comportarse como un accionista minoritario activo y sereno, es decir, como un propietario responsable que no se inhibe y que colabora con la actitud que corresponde a una propiedad psicológica positiva.

El cuarto punto está relacionado con las bases legales que se han de vivir en la empresa. En buena parte de las empresas familiares los estatutos se preparan y firman en las primeras etapas de su vida, cuando los propietarios saben todavía poco de la vida de la empresa, a veces ni pensaban que llegarían a desarrollar una empresa familiar, y alguno de los actuales propietarios, sucesor de fundador, no había ni nacido. En estas circunstancias los socios fundadores de la empresa, al igual que ocurre con los matrimonios jóvenes que saben poco de cómo transcurrirá su convivencia en la vejez, no conocen prácticamente nada sobre los avatares futuros del ejercicio del poder, aunque, eso sí, tienen una gran ilusión por ejercerlo. En bastantes ocasiones, a sus asesores legales que, generalmente, saben más, les resulta complejo dar muchas explicaciones, explicaciones que no son pedidas e incluso, a veces, son consideradas por el cliente como próximas a la ofensa, "la duda ofende", por hacer referencia a eventuales futuras desuniones del matrimonio fundador o de los socios fundadores. Es comprensible que, en estas situaciones, los asesores prefieran no complicar las cosas, no desarrollar más ni los estatutos ni los posibles pactos de accionistas, y mantener sus minutas en un nivel de precios competitivos. Pero, los estatutos han de estar al día y los propietarios han de conocerlos, sabiendo que constituyen el vínculo contractual de su unión. De manera especial las personas que han alcanzado su propiedad por herencia deben conocer que, sus participaciones en la empresa, es decir la propiedad que han heredado, aunque no deje de ser propiedad real, es una propiedad condicionada y sólo pueden hacer con ella lo permitido por los estatutos y por otros posibles pactos suscritos por su predecesor.

El quinto punto hace referencia al conocido fenómeno de la "compra de tiempo", que se presenta a menudo en situaciones de desunión y, también, en situaciones en las que se está avanzando en la implantación de una salida y surgen inconvenientes o dudas, más o menos razonables, sobre la oportunidad de continuar implementandola. Compra del tiempo que se intenta alcanzar mediante la entrega de información con retraso, la dilación de reuniones, la no iniciación de los procesos acordados, la sustitución de unos protagonistas por otros, el reparto inesperado de dividendos, etc. Comprar tiempo puede ser una actuación adecuada cuando el tiempo se emplea en reconstruir las condiciones que permiten dar curso a una salida, pero, salvo dicho caso, a lo que da lugar la compra de tiempo es a que los problemas crezcan, las personas se irriten y sus sentimientos se exasperen más de lo que ya lo estaban. En cierto sentido, comprar tiempo se puede asemejar a un tipo de salida que consiste en "huir hacia adelante", haciendo crecer la empresa sin fundamentos reales, adquiriendo o fusionando otras empresas, etc., con la intención de acumular tanta deuda como sea posible para que el problema de encontrar una salida sea un problema que tengan que resolver los acreedores si quieren cobrar.

CUARTA PARTE

CONVIVENCIA GENERACIONAL

Introducción.

En la primera parte del libro se han comentado diversos tipos de carácter y situaciones de empresas familiares en las que es difícil lograr la supervivencia exitosa, así como otras en las que se consigue la continuidad mutando a otros tipos de empresa familiar distintos de tipo inicial. En la segunda parte se ha explicitado, con la denominación de "diagnóstico de la complejidad", un modelo conceptual que ayuda a analizar la situación de unidad de la familia entre sí y con su empresa, y a identificar sus posibles evoluciones en el corto y medio plazo. Finalmente, en la tercera parte se ha presentado un conjunto de "salidas" a las situaciones de crisis y, también, algunas recomendaciones a seguir a la hora de preparar, elegir e implantar estas salidas.

En esta cuarta parte, se va a desarrollar el esquema conceptual presentado en la página 66 con el nombre de **Convivencia en la empresa**, profundizando en su problemática y en los cursos de acción a seguir para lograr que ayude a mejorar el nivel de supervivencia de la empresa familiar.

En la empresa familiar, al igual que en todo tipo de organización, las personas que la forman conviven. La convivencia en la empresa familiar tiene rasgos peculiares, pues varias de las personas que conviven son miembros de generaciones distintas de una familia, que posee una empresa y, por ello, al mismo tiempo que conviven en la familia conviven en la empresa, directamente si son propietarios o trabajan en ella e indirectamente si no lo son.

En esta convivencia, aparece de nuevo la influencia ya citada de dos dimensiones, la dimensión de la propiedad del capital social de la empresa, que es el origen de la *potestas* que ostentan algunos miembros de la familia, y la dimensión de las capacidades para gobernar y dirigir, que son el origen de la *auctoritas* de estas mismas personas y de otros miembros de la familia. A causa de ello, en dicha convivencia, siempre estarán presentes tres realidades: la realidad de que la *potestas* se transmite al sucesor transmitiendo la propiedad[36], la realidad de que en la *auctoritas* no es posible este tipo de sucesión porque cada persona tiene que ganarse su propia *auctoritas* por sí misma y conseguir que sea reconocida por los demás; unidas al hecho de que cuanto mayor es el nivel de *potestas* y de *auctoritas* que se tenga, mayor será la responsabilidad de poner esfuerzo para convivir.

¿En qué consiste esta convivencia en la empresa familiar? ¿Qué se debe hacer para mantener una convivencia constructiva que lleve aparejada la continuidad y el desarrollo de la empresa? Profundizar en las características

---

36 En la sucesión de la propiedad se puede separar el usufructo de la propiedad del poder que esta propiedad alarga, pero siempre la potestas tiene un sucesor.

de dicha convivencia mejorará la capacidad de conocer los por qué de las situaciones de unidad, incrementará la calidad del resultado alcanzado con el diagnóstico de la complejidad, permitirá identificar con mayor antelación la necesidad de encontrar salidas a las situaciones de crisis y mejorará el nivel del realismo al trabajar sobre dichas salidas.

Antes de profundizar en el estudio de la convivencia generacional, es conveniente volver a resaltar la importancia de la confianza pues, como esperanza que se tiene en las condiciones de las personas de la empresa y de la familia, y cómo ánimo, entereza y vigor para obrar, es básica para la unidad.

Así como también insistir en que, para vivir esta confianza a lo largo del tiempo, es necesario el esfuerzo de las personas de la familia para incrementar la propia *auctoritas,* y para moderar voluntariamente su propia *potestas.*

El marco de la convivencia.

Continuar como empresa familiar en segunda y tercera generación requiere mantener una buena convivencia durante prolongados períodos de tiempo. En efecto, solo a título ilustrativo, suponiendo que el primer hijo de un empresario fundador nace cuando éste tiene 30 años, se incorpora a la empresa familiar a los 25 años y el padre continúa activo hasta los 80 años, el período de convivencia en la empresa familiar entre padre y el hijo mayor habrá sido de 25 años. Si la segunda generación está formada por este primogénito y otros dos hermanos que se llevan 2 años entre ellos, que también se incorporan a los 25 años, el período de convivencia en la empresa de los tres hermanos sin el padre será también del orden de 25 años y, en conjunto, la convivencia en la empresa de los miembros de la segunda generación habrá oscilado alrededor de los 50 años.

Las variables que caracterizan el período de convivencia generacional de una empresa son muchas, con diversos orígenes y multiplicidad de consecuencias. Sin embargo, las dimensiones que probablemente más influyen en determinar las peculiaridades de este período son: el tiempo de su "duración", recién citado, el nivel de "extensión" de la familia que está relacionada con la empresa familiar, las "cualidades" de las personas, y la "complejidad" de la situación de la empresa.

En los párrafos siguientes se hace principalmente referencia a un período de convivencia de prolongada duración, protagonizado por una familia amplia y una empresa desarrollada y compleja.

En las últimas décadas del siglo XX y en las primeras de este siglo, la **duración** del período de convivencia se ha prolongado por diferentes razones. Entre ellas destacan el incremento de la esperanza de vida de las personas, que conservando bien sus facultades mentales y otras condiciones, pueden trabajar un número significativo de horas hasta alcanzar una edad avanzada. Así mismo, resalta el hecho de que muchos propietarios de empresa consideran como un elemento importante de la calidad de su vida, en edad avanzada, mantenerse activos en su empresa, aunque sea con un menor grado de dedicación.

Si bien es cierto que el ser humano está hecho para trabajar, como el ave lo está para volar, y que el trabajo es un elemento básico en la calidad de vida; también es cierto que la persona no está hecha para gobernar y dirigir una empresa hasta el final de sus días, por más que por ser el propietario la ley se lo permita, siempre que no esté legalmente incapacitado para ello.

Sin embargo, la sutil pero eficaz influencia del relativismo hace que algunas personas valoren más sus instintos, como es el de seguir ejerciendo el poder, que otras indicaciones prudentes, incluso argumentadas por su propia racionalidad.

El poder es uno de los instintos más fuertes de la persona y, para esta, mantener su facultad de gobernar la empresa hasta el final de la vida, llega a ser la meta primordial, aunque objetivamente no esté en condiciones para ejercer esta facultad, comportándose como quien debido a una personalidad egocéntrica "su única alegría es el poder...y la única pena la pérdida del dominio, es decir, la dependencia" (Torelló, 2010, p. 121).

Como consecuencia de lo recién indicado, se puede afirmar que, en términos generales, se ha dado un aumento en la duración del tiempo de convivencia, siendo frecuente que lleguen a vivir juntas en la empresa personas de tres generaciones de la familia; y que, debido a este aumento de la duración, la influencia de los modos de ser y de hacer de algunas personas de la familia con *potestas* se prolonga e influye más intensamente en la convivencia generacional.

La **extensión** de la familia es otra de las dimensiones de marco de la convivencia generacional. Extensión, en primer lugar, en cuanto al "número" de personas de la familia que conviven, que es habitualmente mayor en segunda y tercera generación[37], y que cambia con los matrimonios, separaciones y nuevas uniones, incrementando la complejidad.

Extensión, en segundo lugar, en cuanto a "en calidad de qué" se incorporan a la empresa. Elemento básico en la determinación de "en calidad de qué" se incorpora una persona, es el origen y tipo de participación que tiene en la propiedad del capital social de la empresa, y de la participación que llegará a poseer por transmisión inter vivos,

---

37 En algunos países, el hecho de tener un solo hijo introduce nuevas formas a dicha "extensión" que, todavía, están poco estudiadas.

capitulaciones matrimoniales, herencia etc., pues en ella se fundamenta su nivel de *potestas* en el gobierno de la empresa.

Los matices que, en la vida real, se encuentran en la dimensión **extensión** son variados y muy influyentes en la convivencia generacional. En efecto, las personas con *potesta*s pueden actuar o no en los procesos de gobierno como propietarios activos, como administradores o consejeros, y también pueden hacerlo como propietarios indirectos[38] o delegando su representación en terceras personas, etc. Por otra parte, según sean los acuerdos implícitos o explícitos alcanzados por los propietarios, los miembros consanguíneos de la familia y, en algunos casos los parientes por afinidad trabajarán o no con diferentes niveles de responsabilidad y autonomía en la empresa, y formarán parte o no de acuerdos más amplios como, por ejemplo, los pactos de familia.

En empresa familiar son las personas quienes determinan la convivencia que se vive y se vivirá en el futuro. Por ello hay pocas dudas de que sus **cualidades**, capacidades, intenciones y situaciones serán las que fijarán el tipo de convivencia que se llegará a vivir en cada época.

Entre estas cualidades es conveniente insistir en la voluntad que tiene cada persona propietaria para ejercer o no sus derechos políticos, pues si una persona los cede de manera no previsible a unos u otros representantes, o si ejerciéndolos ella actúa de manera voluble, inconstante o poco razonable, la convivencia con ella será complicada.

En este sentido no se debe olvidar que la estructura del

---

38 Es frecuente en empresas familiares multigeneracionales, que la propiedad de los miembros de la familia se estructure a través de sociedades intermedias correspondientes a las distintas ramas de la familia.

capital social de una empresa familiar, con frecuencia, cambia pocas veces, aunque los períodos de convivencia sean largos, por lo cual la influencia de los propietarios en el estilo de convivencia resulta ser prolongada en el tiempo.

Así mismo, tampoco se debería olvidar que, si algún miembro de la familia extendida, propietario o no, decide vender su parte o separarse de las actividades de la empresa, será difícil mantener una relación de convivencia con él, de manera especial si la separación ha sido dolorosa.

En la convivencia generacional tienen una influencia crítica las sucesivas situaciones económico-financieras de la empresa y, muy particularmente, las situaciones de tesorería, por su relación con las posibilidades de ofrecer algún nivel de liquidez a los propietarios, pues es indudable que disponer de liquidez y que el propietario tenga libertad para salir o no del grupo familiar ayuda la convivencia en el seno de dicho grupo.

En los apartados siguientes se van a comentar otras cualidades personales que influyen en la convivencia. Buena parte de estas cualidades son hábitos humanos que se alcanzan por la repetición de actos, si los actos repetidos ayudan a convivir los hábitos resultantes serán positivos, pero si son hábitos negativos pueden hacer imposible la convivencia.

Qué es convivir.

Convivir se puede entender como "vivir en compañía de otros" (Casares, 1987, p. 220), siendo estos otros, en el período de convivencia generacional de una empresa familiar, de una manera particular los miembros de la familia extendida; si bien, como se indicará más adelante, "vivir en compañía de otros" es una forma restringida de entender la convivencia en la empresa familiar.

Por familia extendida se entiende aquí un grupo de personas que están relacionadas por vínculos de parentesco[39], y unidas en la realización de un proyecto empresarial y, por ello, con lazos de unión con la empresa familiar[40]. De acuerdo con Ortega y Gasset (2013, p. 183), "las relaciones interindividuales son la convivencia". Estas relaciones entre los miembros de la familia extendida y de ellos con la empresa, además de nacer en el hecho de ser personas que pertenecen a la misma familia, tienen otros orígenes que pueden o no coincidir en la misma persona. Orígenes como las relaciones adicionales que se dan por el hecho de tener propiedad del capital social de una misma empresa, las relaciones de trabajo por desempeñar responsabilidades en la misma organización, y las que se deben a una unión afectiva, de naturaleza moral[41], con el proyecto empresarial de la familia.

Convivir en empresa familiar es algo más que un simple "estar juntos". "La convivencia humana no se reduce, como diría Aristóteles, a pacer juntos en el mismo lugar, si no a encarar proyectos comunes y prestarse ayuda mutua para llevarlos a término (Barrio, 2011, p. 64). Convivir es "crecer por medio del trato mutuo" (Sellés, 2013, p. 24).

Por ello, aun siendo importantes los lazos entre personas que tienen su origen en estar juntos, en vínculos de parentesco e, incluso, en encarar proyectos y prestarse ayuda, es difícil que, por sí solos, den lugar a la unidad de una familia para llevar a cabo un quehacer arduo y prolongado en el tiempo

---

39 Hay casos de empresas familiares iniciadas por dos fundadores en las que la falta de vínculos de parentesco es superado por vínculos de amistad verdadera y de una fuerte unidad en la búsqueda de un bien común. No se debe perder de vista que la verdadera amistad es una de las virtudes humanas más elevadas.

40 Se ha preferido emplear aquí este nombre de familia "extendida" por pensar que el de "familia empresaria comprometida" es más adecuado para designar aquellas "familias extendidas" en las que es habitual encontrar un espíritu emprendedor y de empresario de negocios en la mayoría de sus miembros (Gallo et al, 2003, p. 39).

41 En la parte... se ha hecho referencia a estas relaciones, describiéndolas como "propiedad psicológica".

como es la empresa. Para generar unidad es preciso partir de un fundamento, y este fundamento consiste en que el proyecto empresarial sea suficientemente conocido por todas las personas de la familia extendida, cada persona con la capacidad de conocer que posea y, cuando ésta capacidad sea pequeña, haciendo el esfuerzo para que se desarrolle, pues aunque sea un buen proyecto de familia unida a su empresa familiar, si no es conocido, no puede ser querido, porque no se puede amar lo que no se conoce.

Para que los miembros de una familia extendida convivan en la implantación de un proyecto común de empresa familiar, además de conocerlo, tienen que partir del sólido convencimiento de que este proyecto es verdadero y puede hacerse realidad, de que no es un conjunto de buenas intenciones ni mucho menos de falsedades mantenidas con la intención de engañar. A este convencimiento será muy difícil llegar si el proyecto no es dado a conocer por las figuras clave del mismo, las personas que ejercen el poder más pleno en la empresa, las personas responsables de su proceso de gobierno y dirección, quienes, como las empresas y las familias evolucionan con el paso de los años, deberán volver a darlo a conocer con frecuencia.

Al mismo tiempo, es necesario que los miembros de la familia confíen en estas personas, y la confianza en alguien no nace del hecho de que este alguien posea *potestas* sino de considerar que sea capaz de verdad, de decir, y de vivir la verdad. Confiar es dar crédito, tener a alguien por fiable y creer en él (Barrio, 2016, p. 41), es decir, la persona en la que se confía ha de tener verdadera *auctoritas*.

Del mismo modo que no se debe olvidar que el amor es el vínculo de la cohesión (Sellés, 2013, p.28), tampoco se debe olvidar que la verdad es el vínculo de unión en lo social y que la mentira siempre termina por desunir (Sellés, 2013, p.28-38). "Las personas para convivir, tienen que mantener diálogos en un *ethos* de búsqueda cooperativa, en forma tal que cualquier logro no se considera un triunfo de uno a costa del fracaso del resto de interlocutores; más bien se trata de un logro para todos, pues quienes participan en un verdadero diálogo lo que buscan sobre todo es la verdad acerca del asunto en cuestión" (Barrio, 2011, p.11)

Cuando el proyecto es un proyecto verdadero, conocido y querido como algo de todos, y es llevado a cabo y participado en común, alcanzará la condición de auténtico bien común para la familia[42] y de ser el legado que se tiene el compromiso de transmitir a los sucesores.

Libertad y convivencia.

El tipo de convivencia que se puede conseguir cuando por la fuerza se intenta obligar a hacerlo, no es el adecuado para sacar adelante una empresa familiar, aunque dicha fuerza se vista como premio, con promesas y entregas de recompensas a quienes, conviviendo falsamente, cumplen con las reglas establecidas por un poder coactivo que sigue el camino, aunque no lo diga, de obligar mediante chantajes. La convivencia mucho menos se logrará por un camino de violencia, pues la violencia puede hacer desistir de un propósito, pero no puede hacer creer en una cosa.

Por el contrario, la convivencia en la empresa familiar requiere que las personas tengan grados de libertad, principalmente grados de libertad en la aceptación del proyecto, en la adquisición de compromisos para desempeñar

---

42 "La convivencia de los ciudadanos no requiere ninguna intimidad, sino el mutuo respeto y la subordinación al bien común civil" (Miillán-Puelles, 2002, p.292). "La diferencia entre la sociedad civil y la familiar no es solo cuantitativa, porque tampoco es solamente cuantitativa la diferencia entre bien común *intrafamiliar* (el que tan solo es común para los miembros de una sociedad familiar determinada) y el bien común *transfamiliar* o *civil*" (Millán-Puelles, 2002, p. 294).

responsabilidades de trabajo, en la aceptación de la propiedad del capital social e, incluso, en algunas ocasiones, en la aceptación de determinados lazos de familia.

El diseño de estos grados de libertad es una tarea difícil, como se ha comentado con amplitud en los apartados anteriores al tratar de los diversos tipos de carácter de empresas familiares y de sus salidas. Este diseño se debe acometer con anticipación sabiendo que son elevadas las probabilidades de que algunos miembros de la familia deseen hacer uso de los grados de libertad para abandonar el proyecto, o que algunos olviden que "es errónea la idea de libertad según la cual los hombres han de emanciparse de lo dado, de todo lo que ellos mismos no han gestionado" (Spaeman, 2012, p. 220).

En la empresa familiar, de manera ordinaria, no se dará ni la situación de plena libertad para salir del proyecto, ni tampoco la obligación de estar unidos por un mandato imposible de ser cambiado. En efecto, salvo excepciones que solo se dan en personas ignorantes, los miembros de la familia extendida conocen qué es una participación en el capital social de una empresa y cuáles son los condicionantes que estas participaciones tienen, y también son sabedores de las responsabilidades anejas al desempeño de tareas en la organización de la empresa. De hecho, la libertad y la unidad, como condiciones para la convivencia, son construidas en la familia extendida partiendo de estas premisas recién citadas. Por otra parte, además, con frecuencia, son los mismos miembros de la familia quienes han buscado la existencia de estas premisas o se han adherido a ellas, o los han aceptado voluntariamente.

Para tener éxito en la convivencia generacional es necesario educar en libertad moral (Millán-Puelles, 1995, p. 173), para que la persona actúe bien, adquiriendo el hábito de no someterse a sus pasiones y de trascender, desarrollando su capacidad de elegir bienes arduos y difíciles de conseguir, sin excluir su bien personal y privado.

En unión con la educación recién citada, al mismo tiempo se debe promover el vivir en solidaridad, "entendiendo por solidaridad una cierta compenetración y sintonía voluntaria entre seres humanos, sin necesidad de vínculos contractuales jurídicos" (Millán-Puelles, 1999, p. 224).

Por otra parte, no se puede olvidar la importancia que tiene educar en amistad a los miembros de la familia para que la convivencia sea exitosa, pues la verdadera unidad de los hombres entre sí es fruto de la amistad, del afecto desinteresado que se tienen, como resultado de su mutuo respeto, estimación y simpatía. La verdadera amistad es una de las virtudes humanas más elevadas (Speaman, 2014, p.169) y "lo propio de la amistad es la confianza" (Séneca, citado por Sellés, 2013, p.130), cuya importancia para la continuidad de la empresa tantas veces ha sido comentada en los apartados anteriores.

Todas las personas de la familia tienen la responsabilidad de conseguir que en la empresa familiar se alcance y se mantenga una convivencia armoniosa, aunque no todas tengan el mismo grado de responsabilidad en su consecución. Entre las personas de la familia más relacionadas con la empresa, parte importante de esta responsabilidad corresponde a quienes por su nivel de propiedad detentan la *potestas*, es decir, el poder pleno como se calificó anteriormente. Y, entre las personas no tan relacionadas con la empresa, la responsabilidad acostumbra a corresponder a las personas que, por diversos lazos de sangre, hacen cabeza en la familia, siendo frecuente que coincidan con las anteriores.

En definitiva, en la familia, la convivencia generacional es una convivencia social que se debe regir por los principios de "diferenciación de roles, cooperación al bien común, jerarquía, respeto y apertura" (Falgueras, 2010, p.165). Si en la familia de origen la convivencia entre padres e hijos, entre hermanos, etc., es difícil y no hay intención eficaz de esforzarse para convivir, será preferible no empeñarse en convivir en la empresa familiar. En este caso, resulta más conforme con la realidad delimitar otro tipo de familia extendida por separación de alguno de sus miembros, pasar por mutación a otra estructuración de las actividades empresariales, o dejar de ser empresa familiar.

La convivencia está muy lejos de ser un "llegar a acomodarnos" o "a no atacarse unos a otros", lo cual, para alguna familia, sería todo un éxito. La convivencia que aquí se está promoviendo es el resultado de esfuerzos hechos por todos, especialmente por quienes tienen poder, y es el resultado de una verdadera inversión de tiempo y otros recursos. Esfuerzos que se hacen teniendo como seguro que no invertir dará lugar más adelante a un alto coste emocional y económico, difícil de soportar en la mayoría de las ocasiones, y que acabará en desunión.

El edificio de la convivencia generacional.

Quienes ostentan el poder, en su doble acepción de *potestas* y *auctoritas*, han de poner su poder al servicio de la convivencia, teniendo en cuenta que para que la simiente de la convivencia nazca y se desarrolle en la empresa hasta dar fruto, son básicos dos puntos. El primero se puede calificar, como cimiento del edificio de la convivencia, y consiste en la promoción de espacios y tiempos para que las personas convivan. El segundo que, a su vez, se puede calificar como estructura de la convivencia, radica en la justicia y veracidad con la que deben transcurrir las relaciones interpersonales que tienen lugar tanto en los espacios y tiempos, recién citados, así como en las demás situaciones de la familia y de la empresa.

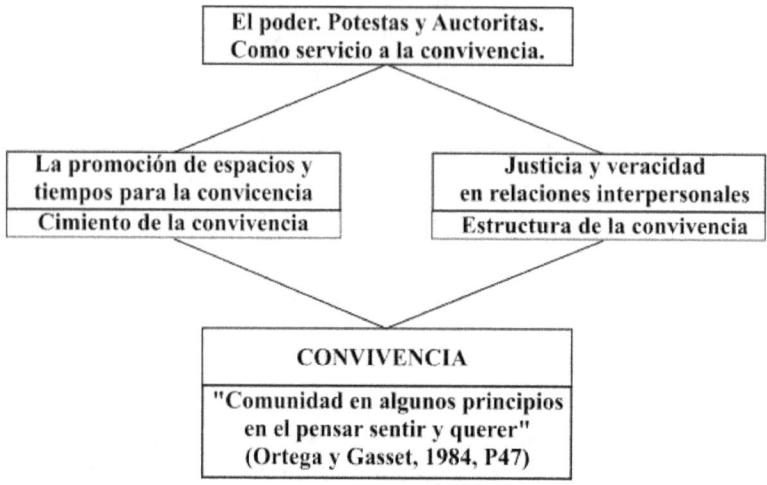

Fig.-12 *Convivencia en la Empresa Familiar.*

Los espacios y tiempos para convivir han de ser "amables" y "armónicos", pues tal y como afirma Alvira (2004, p.34) "Muchos hijos quieren irse de sus casas porque no les gusta el tiempo, el ritmo, la melodía o la armonía que perciben en ellas; otros porque el espacio les resulta poco amable".

La fijación de espacios y tiempos para convivir forma parte del diseño de la estructura de responsabilidades de la empresa y de la organización de la vida familiar. En efecto, las actividades que en la empresa y en la familia se llevan a cabo no suelen ser actividades fácilmente yuxtaponibles o superponibles con otras, por ello, se precisa el esfuerzo de las personas con poder para organizar la convivencia. Cada persona necesita un "espacio" desde el cual convivir, que no puede ser quitado a otras personas (Alvira, 2010, p. 38). En la empresa, en unos casos, este espacio será espacio para desempeñar actividades propias de su gobierno y, por tanto, muy relacionadas con el ejercicio de la *potestas*; en otros casos, el espacio corresponderá a actividades propias de la ejecución del trabajo profesional en el día a día y, por tanto, muy relacionadas con la *auctoritas*; en otros casos, en la familia que ha implantado órganos como un "consejo de familia", serán espacios relacionados con la promoción de unidad; y siempre resultan necesarios otros espacios y tiempos para que convivan, como familia empresaria, los miembros de la familia que no tienen funciones como las recién citadas.

A pesar de su extraordinaria importancia, la promoción de tiempos y espacios para convivir en la familia, con frecuencia, no recibe toda la atención que precisa en la empresa familiar. Las múltiples dificultades que surgen para lograr estos tiempos y espacios, conforme con el paso del tiempo las familias crecen y las empresas evolucionan, son dificultades reales, dificultades como el mayor número de personas, sus diversas ocupaciones, distintas edades, diferentes domicilios, etc., pero son dificultades que se deben enfrentar, pues los riesgos de no hacer esfuerzos para conseguir los tiempos y espacios son importantes en el desarrollo de la convivencia.

Dominio y control del tiempo en la convivencia.

En relación con los tiempos para convivir es oportuno recordar puntos como los siguientes. Es natural que las personas que conviven un mismo tiempo presente comprendan el tiempo pasado, incluso en sus elementos esenciales, de manera diferente, pues son personas con distintas cualidades, y unas vivieron con intensidad largos períodos del tiempo pasado y otras no. También es natural que estas personas tengan diferentes juicios sobre lo que está ocurriendo en el tiempo presente, y sobre la probabilidad de que algo ocurra en el tiempo futuro, pues la información de la que parten, los conocimientos que aplican y las tendencias de sus caracteres son distintos.

Si estas diferencias en la comprensión de los tiempos, pasado, presente y futuro son importantes se puede llegar a romper la cohesión social de la familia y, con ello, hacer imposible la convivencia. En la familia y en la empresa familiar recordar con precisión el tiempo pasado es importante, pues ayuda a conocer con claridad de "dónde se viene" y cómo ha sido posible llegar a "dónde se está" en el tiempo presente. Sin embargo, no se puede olvidar que el ser humano es *"futurible*, presente pero proyectado en el futuro" (Marias, 1970, p. 23), ni tampoco olvidar que esta cualidad de ser "futurible" es más intenso en los líderes de empresa y especialmente entre los jóvenes. A los líderes, el pasado les preocupa menos de lo que a primera vista se piensa, y a veces lo visitan como quien visita un museo; a los restantes miembros de la familia, acostumbra a preocuparles más que a ellos el tiempo pasado, en el que buscan causas de la situación presente y futura, así como el tiempo presente por los frutos económicos que esperan recibir de la empresa.

Para desarrollar la convivencia, los miembros mayores de la familia y los que gobiernen la empresa familiar, no sólo han de estar atentos a evitar errores en las interpretaciones del tiempo pasado; sino que deben estar especialmente dedicados a que las conjeturas sobre el tiempo futuro, que enseguida se vuelve tiempo presente, sean hechas sobre la mejor base posible; así como también y de modo particular, a evitar la existencia de temas que innecesariamente se consideran tabú o secretos de los que no se puede tratar, pues "la vida humana opera esencialmente en la anticipación del futuro, en vista de lo que no está ahí dado y por tanto no se puede percibir" (Marias, 1970, p. 50).

Finalmente, otra reflexión sobre la importancia del dominio y control del tiempo como factor de cohesión social, es decir, como factor de convivencia. La reflexión que ha sido presentada con claridad por Iglesias (2006, p. 127) al afirmar que "Los desequilibrios personales y sociales que puede provocar la desestructuración y fragmentación del tiempo son graves, ya que generan graves dificultades para la integración de un sistema social donde los tiempos ya no sirven para la cohesión de los individuos y grupos en el marco de la sociedad, y se puede avanzar hacia un individualismo enfrentado con la sociedad lo que, al final, se traduce en un riesgo para el individuo y en un peligro para el sistema social."

Dado que "el poder es, entre otras cosas, control y dominio sobre el tiempo ajeno" (Iglesias 2006, p. 149), quienes ostentan poder en el período de convivencia generacional han de observar un prudente equilibrio en la utilización de los tiempos, sin lentitudes ni apresuramientos innecesarios. Caso contrario desestructuran el tiempo, romperán la cohesión social de la familia, promoverán comportamientos individualistas contrarios a la convivencia y sembrarán la desunión.

La justicia y veracidad en la convivencia.

Si, como se ha recordado en la figura anterior, las coordenadas espacio temporales son a modo del cimiento en él se apoya la convivencia, la justicia y la veracidad en las relaciones interpersonales son como los pilares y las jácenas, la estructura en la que se genera y crece la convivencia.

En relación con la justicia en empresa familiar es oportuno insistir de nuevo en el desarrollo y cumplimiento del conjunto de los contratos (estatutos, acuerdos de accionistas, testamentos, capitulaciones matrimoniales, pactos de familia, etc.) que, como se vió en la segunda parte y gráficamente se representa en la figura..., forman el entramado legal del proyecto empresa familiar. En su desarrollo y en su cumplimiento es necesario vivir la justicia pues es ésta la virtud que regula la convivencia, ajustando las acciones conforme a regla, moderando el modo de actuar, preocupándose del bien común y poniendo esfuerzo en la consecución de los bienes particulares de todas las personas que conviven, sin olvidar o descuidar los bienes de naturaleza no económica como son los relacionados con los conocimientos y con los hábitos buenos. Es oportuno insistir en que "la convivencia descansa en la justicia" (Ronheimer, 2007, p. 353).

En relación con la veracidad, como calidad de decir, usar y profesar siempre la verdad, además de hacerlo sinceramente, es decir, sin fingimiento, también es oportuno, insistir en que no se trata de manifestar la verdad de manera imprudente, por no saber discernir en situaciones complicadas en la empresa y en la familia cuál es el contenido de la información a dar, a quién y cuándo informar, ni mucho menos se trata de ser astuto usando la prudencia para conseguir un mal ajeno.

La prudencia como hábito de decidir bien, como sabiduría práctica sobre lo que conviene hacer (Lorda, 2015, p. 20), ha de ser especialmente tenida en cuenta a la hora de informar a las personas que comparten las coordenadas espacio temporales anteriormente citadas, y particularmente ha de ser tenida en cuenta por las personas que poseen un mayor nivel de información en razón de las responsabilidades que desempeñan en la empresa y en la familia.

En la medida en que se cumplan los puntos citados, gracias a la sana convivencia, la familia extendida llegará a establecer la propia "comunidad en algunos principios en el pensar, sentir y querer" (Ortega y Gasset, 1984, p. 47) y, en su entramado, vivirá los buenos hábitos de comportamiento que la conducirán a la supervivencia o a la implantación de salidas que dañen lo mínimo al bien común. Es en este entramado en el que se tienen que solucionar las debilidades para continuar unidos y para desarrollar la empresa.

Es conviviendo bien cuando se identifican mejor las posibles salidas a las situaciones de desunión, y es conviviendo bien cómo se implantan las salidas. La buena convivencia será motor de buenas salidas y la mala convivencia arrastrará a la familia y la empresa a las peores.

La elección y preparación de miembros de la familia como propietarios y profesionales responsables, no se hace en un momento concreto del período de convivencia, sino que, habitualmente, se lleva a cabo a lo largo del tiempo en que se convive. Las personas que tienen que tomar estas decisiones de elección han de poner el bien común por delante de su bien particular. Algo que acostumbra a resultar muy difícil de hacer. Han de elegir a los mejores, aunque estos no sean precisamente las personas más próximas a ellos por razones de parentesco o por otros sentimientos.

La objetividad en este tipo de juicios puede ser difícil, pues se está juzgando sobre cualidades e intenciones de personas y sobre la evolución de las mismas en el futuro, se está juzgando bajo la influencia de las propias preferencias personales. Es decir, se está juzgando con una racionalidad limitada y sesgada por la influencia de las tendencias propias.

Hay personas que no entienden así la elección y preparación de los miembros de la familia que han de continuar gobernando y dirigiendo. Son las personas que practican una manera de elegir basada en la lucha, que se podría resumir con la expresión "ahora a competir por el poder, y ya se verá quién es el ganador", pues están convencidas de que solo así, compitiendo, contendiendo por una misma cosa, se conocen de verdad de las capacidades para ejercer el poder. Actuar así es desentenderse de las propias responsabilidades para traspasarlas a quien tenga más fuerza o más habilidad.

No cabe duda de que en el período de convivencia hay que observar la actuación y la evolución de los miembros de la familia; tampoco cabe duda de que en este período se dará una competencia natural, porque las personas tienen distintas maneras de pensar, y más si son personas muy capaces y con criterio propio; además una competencia sana ayuda a despertar el sentido de la emulación de las buenas cualidades ajenas. Pero, competir como contender, rivalizar como oposición, astucia como habilidad para engañar, son contrarios a la moderación del poder, promueven la falsedad que es contraria a la veracidad, y ponen por delante un malentendido bien particular que es opuesto a la justicia.

A modo de síntesis de esta cuarta parte sobre "Convivencia generacional" es oportuno resaltar los siguientes puntos:

- Convivir es encarar proyectos comunes y prestarse ayuda mutua para llevarlos a cabo.

- Convivir es crecer en buenas cualidades personales por medio del trato mutuo.

- El vínculo de la cohesión familiar es el amor.

- Las virtudes que regulan la convivencia son la justicia y la veracidad.

- No cabe amistad sin verdad.

- Sin veracidad no puede darse la confianza.

- Sin confianza es imposible la unidad.

- Cuando se pierde la confianza es muy difícil recuperarla.

EPILOGO

Todo ser humano es mortal, pero eso no quiere decir que no se pueda incrementar su esperanza de vida, ni tampoco que algunos mueran prematuramente. Las hojas de la mayoría de los árboles caen cada otoño, pero, eso no significa que no rebroten más tarde en el tiempo, si bien es verdad que hay árboles que mueren pronto. También parece formar parte de la vida que la mayoría de las empresas, tanto familiares como no familiares, pasado un periodo no excesivamente prolongado de tiempo desaparezcan, pero eso tampoco quiere decir que, por una parte, no se pueda lograr que se incremente su esperanza de vida, ni por otra parte, que de ellas surjan muchos brotes llenos de vida e, incluso, algo que no se da en las personas, que muten hacia otros tipos de empresa distintos, pero que siguen siendo comunidades de personas con una función social que supera la de crear riqueza económica, y que es de extraordinario valor para las personas que en ella trabajan y para la sociedad.

Las consideraciones recién hechas conducen a pensar en la

conveniencia de poner mayores esfuerzos de investigación en los siguientes puntos:

- Incrementar el nivel de supervivencia viable de las empresas familiares.

- Ayudar al renacer de nuevos brotes de las empresas familiares, es decir, de nuevos negocios que las revitalicen estratégicamente.

- Favorecer su mutación exitosa a otros tipos de empresas, familiares y no familiares.

- Ayudarlas, cuando los puntos anteriores no sean realizables, a desaparecer haciendo el menor daño posible.

Como se ha visto, es especialmente en el primer apartado de este libro, la supervivencia viable de las empresas familiares es difícil de alcanzar. Y en buena parte de los casos, son las mismas personas que han llevado su empresa al éxito, o la han mantenido en él en la siguiente generación, las principales protagonistas del fracaso en su supervivencia viable.

El éxito solo lo logran personas que se distinguen por el ejercicio de las virtudes humanas propias de un buen gobernante. Personas que desarrollan su *auctoritas* para que se equilibre e, incluso, supere a su *potestas*. Personas que se esfuerzan para lograr una buena y prolongada convivencia generacional. Personas que, olvidándose de sí mismas, ejercen su poder buscando al mismo tiempo el auténtico bien de sus herederos, de todos los miembros de la empresa y de la sociedad en general. Personas que no se ofuscan por causa de una soberbia que les hace incapaces de conocer la realidad e, incluso, aun conociéndola, les lleva a negarla. Personas que no se dejan vencer por una pereza, que siendo

Epílogo

compatible con un activismo frenético, les empecé emplear la fortaleza necesaria para conseguir las conclusiones necesarias en puntos esenciales.

Bastaría repasar los tipos de carácter de empresas familiares, descritos en la primera parte del libro, para comprobar que su bajo nivel de supervivencia exitosa no se debe tanto a los problemas de la sucesión y del incremento de la complejidad, ambas problemáticas llenas de dificultades, sino a la carencia de cualidades como las citadas en el párrafo anterior.

Como se ha indicado en la tercera parte del libro, parece que un porcentaje elevado de las empresas familiares que sobreviven lo logran a través de un proceso de mutación que, en cierto sentido, se asemeja a la mutación de otros seres de la naturaleza, que se transforman y se hacen más resistentes a los peligros de su entorno, gracias a adquirir nuevas fortalezas y a "renacer" con tamaños y estructuras más adecuados a la situación de su entorno.

¿Son, tal vez, estos hechos de "renacer o mutar con una nueva forma" los que conducen a que la empresa sobreviva y se desarrolle, para pasado un tiempo, que casi siempre fija el mercado, volver a reiniciar el ciclo? ¿Es este ciclo, en unión con el nacimiento de nuevas empresas, ciclo siempre presente cuando se respeta la libertad, el principal hacedor de que la actividad empresarial esté viva en una sociedad desarrollada?

De ser así, una parte importante de los esfuerzos de investigación sobre empresa familiar debería orientarse hacia el estudio de sus mutaciones.

Por otra parte, aun en el caso de que diera buenos resultados la investigación recién citada, todavía quedará un número importante de empresas familiares que morirán en primera, segunda y tercera generación por cambios del entorno, ciertamente imprevisibles para ellas; por accidentes de las personas que gobiernan y dirigen; o por falta de cualidades de las personas que en ellas ejercen el poder máximo por su nivel de *potestas*[43].

En alguna de las etapas precedentes a la muerte del ser humano se ha logrado un extraordinario avance con el desarrollo de los cuidados paliativos[44], pero no parece que ésta sea la solución en el caso de la empresa, pues los cuidados paliativos no están orientados a fortalecer debilidades. En empresas no viables más bien se trata de encontrar modos de ayudarles a su "bien morir" con rapidez y causando el menor daño posible a quienes forman la comunidad de personas que en ella tienen intereses, y a la sociedad en general.

Como también ha sido comentado en la primera parte del libro, todos los negocios maduran y las empresas que no evolucionan y crecen corren el riesgo de desaparecer. Esta proposición, casi axiomática, tiene una singular relevancia en la empresa familiar. En efecto, en ellas, el negocio que madura habitualmente es el negocio que imaginó su fundador y con el que alcanzó el éxito. Pero lo que está maduro hay que cosecharlo, y el campo tiene que ser preparado, abonado y sembrado para que con el surgir de una nueva sementera se revitalice, y si no se trata de un campo de labor sino de un árbol, éste debe ser podado y, en ocasiones, también injertado para que se desarrollen nuevos y más fuertes brotes.

Parte importante de las personas sufre frente a la

---

[43] No parece probable que se vayan a dar cambios importantes en la legislación sobre sociedades de capital que conduzcan, con suficiente anticipación, a impedir que personas sin un suficiente nivel de *auctoritas* ejerzan una importante *potestas*, en razón de ser propietarios del capital.

[44] No se está perdiendo de vista el suicidio voluntario o la eutanasia impuesta. Ambas situaciones (Gallo, 2011, pp.93-96) ya son, en sí mismas, causa de importantes fallos en la continuidad de las empresas familiares y lo serán más en el futuro.

Epílogo

incertidumbre de no conocer, con cierta seguridad, el futuro. Es natural que el cambio asuste, es habitual la resistencia al cambio. Pero en empresa, los negocios que no cambian terminan muriendo, y las organizaciones que no evolucionan acaban paralizadas. Es en este sentido de cambiar el negocio y la organización, y no en el sentido de cambiar los valores básicos para hacer empresa es en el que hay que entender que una actitud tan frecuente entre las personas que tienen la *potestas* en la empresa familiar como la que suele significar la frase "aquí las cosas siempre se han hecho de esta manera", es una actitud contraria a su supervivencia viable.

Un campo de investigación que parece prometedor es el anteriormente calificado como mutación de la empresa familiar a otros tipos de empresa, que no son siempre familiares, pero sí son empresas de negocio esforzadas en el cumplimiento de su función social. Al análisis de este campo se han orientado tres partes del libro. La segunda parte, a conocer mejor cómo se incrementa la complejidad de la empresa familiar, y en qué apoyarse para superarla. La tercera, a diagnosticar la situación de complejidad de la empresa con el objetivo de identificar pronto las mejores salidas de situaciones muy complejas, por medio de mutaciones en muchas ocasiones, y a estudiar cómo desarrollar las fortalezas para poder hacer realidad las salidas y la cuarta parte, a analizar el esfuerzo por alcanzar los pilares en los que se fundamenta una acertada convivencia generacional.

En unión con estos puntos de vista, también se ha intentado defender la postura de que el principal problema de la empresa familiar no es tanto la sucesión, como el saber organizar y poner en práctica la convivencia generacional en la que se quiera y sepa tratar el connatural incremento de la complejidad.

En el conjunto de las empresas familiares de uno o varios países, en momentos determinados del tiempo, entre ellas, se dan diferencias más importantes que su edad, el crecimiento, y tamaño que alcanzan, sus niveles de diversificación e internacionalización, la estructura del capital, el tamaño de la familia y la generación en la que se encuentra, etc. que son, con frecuencia, las diferencias sobre las que se apoyan las investigaciones de tipo cuantitativo.

Hay otras distinciones, más difíciles de identificar, pero que parecen más significativa a la hora de conocer mejor el conjunto de empresas familiares de un país o de un sector de actividad económica. En efecto, una parte importante de las empresas, en un momento determinado, todavía no saben o no tienen decidido, con una decisión eficaz, qué tipo de empresa quieren ser en el futuro, por estar empezando, por ser una empresa que tiene como objetivo para su iniciador dar un salto hacia otra posición, por falta de compromiso, por haber tenido algún fracaso familiar inicial que todavía no ha sido superado, etc.[45] Otra parte de las empresas, también importante, no pasan de ser empresas de pequeño valor estratégico y organizativo, empresas "seguidoras" o copiadores sin ambición, empresas "conformistas" para las que les es suficiente "ir tirando unos años", empresas propiedad de algunos inversores que piensan que poniendo dinero y fustigando al emprendedor se consigue el éxito. Empresas mediadoras, la mayoría de ellas, al fin y al cabo. Un grupo más pequeño son empresas conducidas por verdaderos emprendedores que trabajan como verdaderos líderes. Algunas veces, "campeones escondidos"[46], pero empresas a las que les llegará la hora del triunfo. Y un grupo muy reducido de empresas que están al frente de sus campos

---

45 Es significativo que al ayudar a las empresas familiares y preguntar a sus propietarios, jóvenes y no tan jóvenes, si han hecho testamento, los consultores se encuentran que muchos de ellos no lo han otorgado.
46 En este campo es de notar el trabajo de Fernández y Lluch (2015)

Epílogo

de actuación, gobernadas y dirigidas también por sucesivas generaciones de líderes profesionales, expertos en moderar responsablemente su poder.

El progresivo avance en la investigación sobre puntos como los anteriores ayudará a mejorar la elección de muestras para llevar a cabo estudios cuantitativos orientados, la mayoría de las veces, a la verificación y a la falsación de hipótesis.

Otros estudios que parecen tener particular importancia son aquéllos que empleen indicadores relacionados con la voluntad y con el raciocinio de las personas que ejercen la *potestas* o la ejercerán en un breve plazo. Voluntad de comportarse o no como una auténtica empresa familiar, de esforzarse por su viabilidad como tal, etc. Raciocinio como capacidad para entender las alternativas a explorar en razón de la complejidad alcanzada o próxima a ser alcanzada, etc.

Así mismo, parece ser necesario un mejor esfuerzo de investigación sobre las características de las familias empresarias; las evoluciones que siguen; las situaciones, tantos personales y familiares como de grupos empresariales, que alcanzan con el paso del tiempo. Los estudios sobre historia de las empresas familiares[4], que arrojan luz sobre los orígenes de la complejidad y sobre los distintos tipos de salidas que toman y han tomado las empresas familiares, ayudarán a conocer mejor cómo lograr una buena convivencia generacional antes y después de las revitalizaciones estratégicas, y de las mutaciones. Los estudios sobre las familias empresariales ayudarán a conocer mejor cómo los grupos familiares se forman, se desagrupan y se vuelven a agrupar, manteniendo su vocación de hacer empresa.

No cabe duda de que esfuerzos de investigación, en campos como los comentados en este Epílogo, serán de gran ayuda para la supervivencia exitosa de la empresa familiar. Sin embargo, nunca se llegarán a conocer todas las situaciones por las que pasan ahora y pasarán, en el transcurso del tiempo y de las generaciones, estas familias y sus empresas familiares; y también seguirá siendo muy difícil tener la capacidad de preverlas.

Cada persona es distinta, única e irrepetible, y cada persona con poder en la empresa lo ejerce a su manera. Las causas comunes que originan los fallos en las empresas familiares, como la caída en las trampas profundas, el incremento de la complejidad, y la falta de convivencia, son bien conocidas; pero identificar malos hábitos en las personas que ejercen el poder, como la ambición desordenada, la codicia, la soberbia, la envidia, el deseo de venganza, etc., es difícil. Que estas personas acepten tener estos hábitos y pongan medios para transformarlos es todavía más difícil.

BIBLIOGRAFIA

- Alvira, R. (2004). *El lugar al que se vuelve. Reflexiones sobre la familia.* (3ª edición). EUNSA, Pamplona.

- Alvira, R. (2005). *Filosofía de la vida cotidiana.* Ediciones Rialp. S. A., Madrid.

- Barrio, J. M. (1999). *Los límites de la libertad.* Ediciones Rialp. S. A., Madrid.

- Barrio, J. M. (2011). *La gran dictadura.* Ediciones Rialp.S. A., Madrid.

- Barrio, J. M. (2016). *Homo Adulescens.* www.teseopress.com

- Boecio. (2015). *La consolación de la Filosofía* (2ª edición). Alianza Editorial, S.A. Madrid.

- Burgos, J. M. (2003). *El personalismo*. Ediciones Palabra. Madrid.

- Casares, J. (1987). Diccionario ideológico de la lengua española. (2ª edición). Editorial Gustavo Gili, S. A., Barcelona.

- Chrstensen, C. R., Andrews, K. R., Power, J. L., Hamermesh, R.G., and Porter, M. (1982). *Business Policy. Text and cases*. (5ª edición). Richard D. Irwin, Inc. Honewood, Illinois.

- Cruz, J. (2010). *La familia como origen*. En Cruz, J. (ed.) Metafísica de la familia. EUNSA, Pamplona.

- De Arquer, J. (1979). *La empresa familiar*. EUNSA, Pamplona.

- De Geus, A. (1997). *The Living Company*. Harvard Business School Press. Boston. Massachusetts.

- Echevarría, J. (2015). *Dirigir empresas con sentido cristiano*. EUNSA, Pamplona.

- Falgueras, I. (2010). *Persona, sexualidad y familia*. En Cruz, J. (ed). Metafísica de la familia. (2ª edición). EUNSA. Pamplona.

- Fernández, P. y Lluch, A. (Eds). (2015). *Familias empresarias y grandes empresas familiares en América Latina y en España*. Una visión de largo plazo. Fundación B.B.V.A. Bilbao.

- Gallo, M. A. (1997). *La empresa familiar*. Ediciones Folio, S. A., Barcelona.

- Gallo, M. A. (Ed.) (1999). *La empresa familiar* (6).

Ediciones y Estudios IESE, S.L., Barcelona.

- Gallo, M. A. y Estape, M. J. (2006). *Viabilidad de las empresas familiares de tamaño medio en el sector español de alimentación y bebidas.* DI nº 647.IESE Business School.

- Gallo, M. A. (2008). *Ideas básicas para dirigir la empresa familiar.* (2ª edición). Ediciones Universidad de Navarra, S. A. Pamplona.

- Gallo, M. A., Klein S., Montemerlo, D., Tomaselli, S. y Cappuyns, K. (2009). *La empresa familiar multigeneracional.* EUNSA, Pamplona.

- Gallo, M. A. (2011). *El Futuro de la Empresa Familiar.* Editorial Profit, Barcelona.

- Gallo, M. A. y Gómez, G. (2015). *Evolución y desarrollo de la empresa y de la familia.* EUNSA, Pamplona.

- Gallo, M. A. (2016). Empresa Familiar: *¿Sucesión? ¿Convivencia Generacional?* Real Academia de Doctores. Barcelona.

- Gallo, M. A. (2016). *El poder en la empresa.* Libros de Cabecera, Barcelona. Madrid.

- Gordon, G. and Nicholson, N. (2008). *Family Wars.* Kogan Page, London.

- Hoffman, J., Hoelscher, M. and Sorensen, R. (2006). *Achieving Sustained Competitive Advantage: A Family Capital Theory*Family Business Review XIX, pp 135-147.

- Iglesias, J. (2006). *La dimensión del tiempo*. Real Academia de Ciencias Morales y Políticas. Madrid.

- Jensen, M. C. y Meckling, W. H. (1976). *Theory of the Firm: Mandgerial Behavior, Agency Sosts and Ownership Structure*. Journal of Financial Economics (1976).

- Lorda, J. L. (2015). *Virtudes*. Ediciones Rialp, S. A., Madrid.

- Maquiavelo, N. (2012). *Discursos sobre la primera década de Tito Livio*. Quinta reimpresión, Alianza Editorial, S.A., Madrid.

- Marias, J. (1970). *Antropología metafísica*. Revista de Occidente, S. A., Madrid.

- Mc Clay, W. M. (2008). *A Strategic Humanist: George Kelles, Academic Strategy, and the management Revolution in American Higher Education*. En Gregg, S. and Stoner, J. R. (Ed.). Rethinking Business Management. Witherspoon Institute, Princeton, New Jersey.

- Millán-Puelles, A. (1995). *El valor de la libertad*. Ediciones Rialp, S. A., Madrid.

- Millán-Puelles, A. (2002). *Léxico Filosófico*. (2ª edición). Ediciones Rialp, S. A., Madrid.

- Nubiola, J. (2014). *Invitación a pensar*. Ediciones Rialp, S. A., Madrid.

- Ortega y Gasset, J. (1984). *Una interpretación de la historia universal*. (2ª edición). Revista de Occidente en Alianza Editorial, Madrid.

- Ortega y Gasset, J. (2013). *El hombre y la gente*. (10ª Reimpresión). Revista de Occidente. Alianza Editorial, Madrid.

- Pérez López, J. A. (1991). *Teoría de la acción humana en las organizaciones*. Ediciones Rialp, S.A., Madrid.

- Pérez Lopez, J. A. (2002). *Fundamentos de la dirección de empresas*. (5ª edición). Ediciones Rialp. S. A., Madrid.

- Pierce, J. L. Kostova, J. and Dirks, K. T. (2001). *Toward a Theory of Psicological Ownership in Organizations*. Academy of Management Journal, vol. 26, nº 2, 301.

- Pontificio Consejo Justicia y Paz (2005). *Compendio de la doctrina social de la Iglesia*. Libreria Editrice Vaticana, Vaticano.

- Porter, M. (1998). *On Competition*. Harvard Business Review Book, Boston. Massachusetts.

- Pound, J. (1995). *The promise of the Governed Corporation*. Harvard Business Review. March-April. 90 y 91.

- Rodríguez Luño, A. y Bellocq, A. (2014). *Ética general* (7ª edición). EUNSA, Pamplona.

- Ronheimer, M. (2007). *La perspectiva de la moral: Fundamentos de la Ética Filosófica*. (2ª edición). Ediciones Rialp, S. A., Madrid.

- Sellés, J. F. (2006). *Antropología para inconformes*. (2ª edición). Ediciones Rialp, S. A., Madrid.

- Sellés, J. F. (2013). *Los tres agentes de cambio en la sociedad civil. Familia, Universidad y Empresa.* Ediciones Internacionales, Madrid.

- Spaeman, R. (2005). *"Confianza"*, Revista Empresa y Humanismo (2), 131-148.

- Spaeman, R. (2012). *Sobre Dios y el mundo.* Ediciones Palabra, S. A., Madrid.

- Spaeman, R. (2014). *Felicidad y benevolencia.* (2ª edición). Ediciones Rialp, S.A., Madrid.

- Tomaselli, S. (2017). *Relazioni conflituali nelle aziende familiari.* Real Academia Europea de Doctores, Barcelona.

- Torelló, J. B. (2010). *Psicología y vida espiritual.* (2ª edición). Ediciones Rialp, S. A., Madrid.

- Valero, A. y Lucas, J. L. (1991). Política de Empresa. *El gobierno de la empresa de negocios.* EUNSA, Pamplona.

- Zubiri, X. (1985). *El hombre y Dios.* (3ª edición). Alianza Editorial, Madrid.

www.ingramcontent.com/pod-product-compliance
Lightning Source LLC
Chambersburg PA
CBHW060855170526
45158CB00001B/370